I0118312

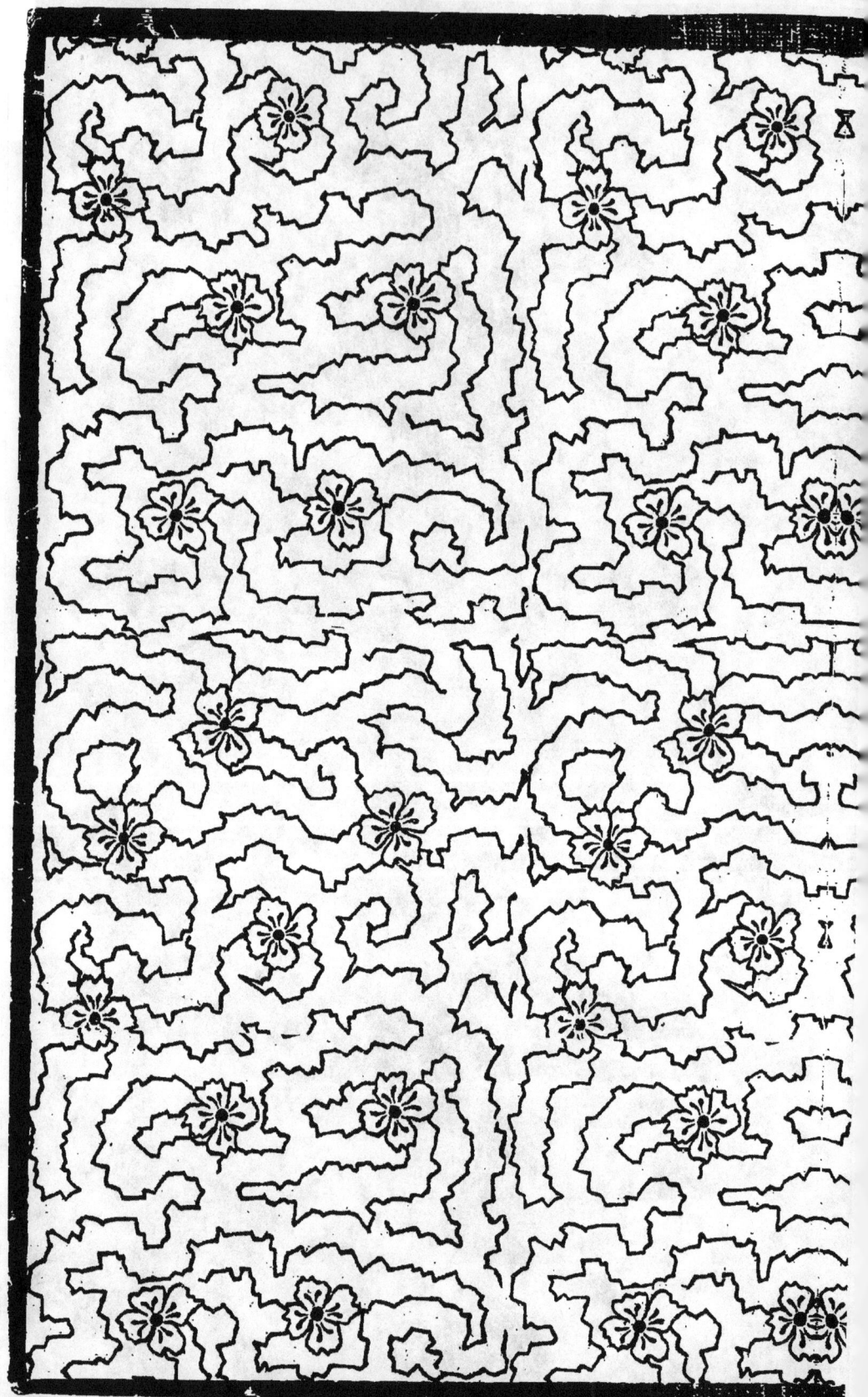

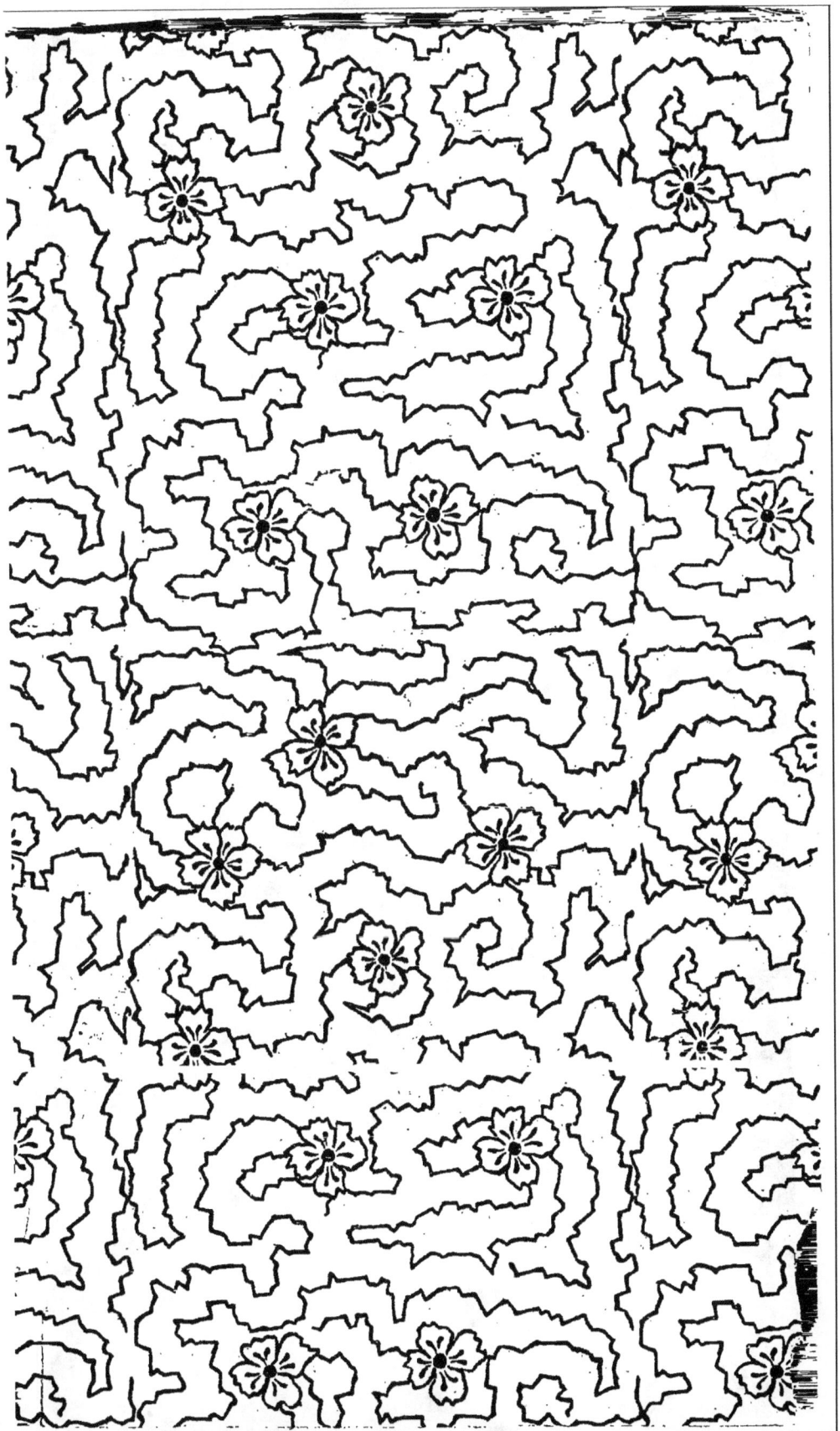

ÉDUCATION MORALE ET CIVIQUE

BIBLIOTHÈQUE DE LA JEUNESSE FRANÇAISE

PREMIÈRE SÉRIE

ÉDUCATION MORALE ET CIVIQUE

BIBLIOTHÈQUE DE LA JEUNESSE FRANÇAISE

PREMIÈRE SÉRIE

Saint-Amand (Cher). — Imprimerie Destenay.

LE CHANCELIER DE L'HOSPITAL

Par L. ANQUEZ,

Inspecteur de l'Académie de Paris.

LE
CHANCELIER DE L'HOSPITAL

PAR

L. ANQUEZ

INSPECTEUR DE L'ACADÉMIE DE PARIS

PARIS

LIBRAIRIE CENTRALE DES PUBLICATIONS POPULAIRES

H.-E. MARTIN, DIRECTEUR

45, RUE DES SAINTS-PÈRES, 45,

1881

l'Hospital.

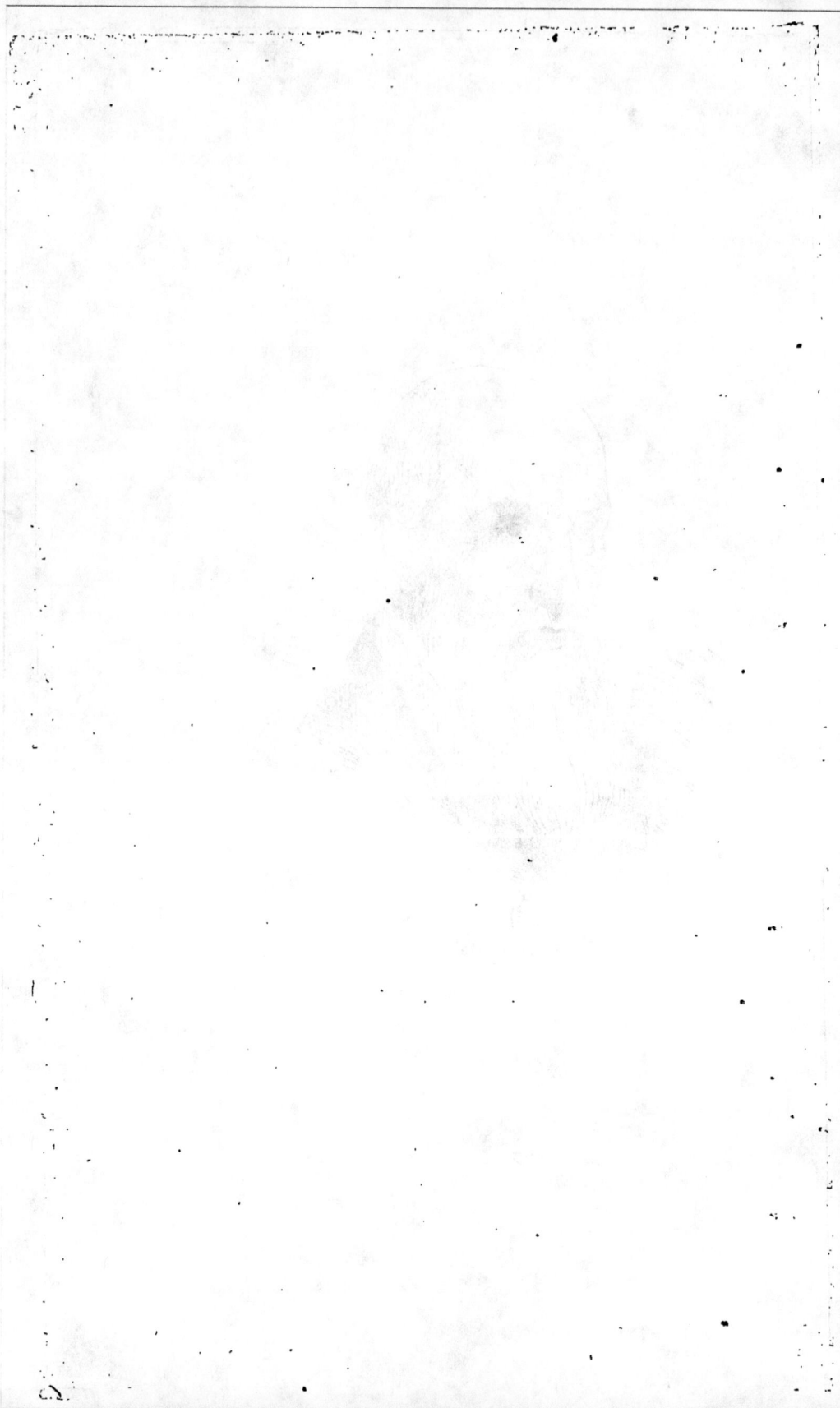

PRÉFACE

C'est avec des fragments des œuvres de
Michel de L'Hospital que nous avons com-
posé cette courte notice, car il nous a semblé que pour faire connaître ce magistrat
éminent, doublé d'un grand citoyen, le
meilleur moyen était de le laisser lui-même
parler.

On a de L'Hospital des *Mémoires d'Etat*,
un *Traité sur la réformation de la justice*
et des *Discours*, écrits en français ; enfin,
des *Épîtres latines* dont M. Bandy de Nalè-
che a donné une traduction complète. Ces
documents contiennent sur les actes publics

1*

ou privés de L'Hospital, sur ses idées et sur ses aspirations, des indications que l'on chercherait vainement ailleurs.

Puisqu'il était difficile de tout dire en quelques pages, nous nous sommes, de préférence, appliqué à montrer ce que L'Hospital fut comme chancelier, quitte à retracer rapidement les autres parties de sa vie.

LE CHANCELIER MICHEL DE L'HOSPITAL

I

ANTÉCÉDENTS DU CHANCELIER DE L'HOSPITAL

Dans son *Abrégé chronologique de l'histoire de France*, le président Hénault se demande si le concours extraordinaire de personnages illustres qu'on vit en France sous les derniers Valois ne fût pas, pour le royaume, un mal plutôt qu'un bien. Prétendant à la domination et n'étant pas contenus par une autorité légitime, ils commencèrent par diviser le pouvoir et finirent par l'anéantir.

Il n'a pas dépendu de Michel de L'Hospital que les hommes remarquables par leur génie politique ou leur génie militaire que la seconde moitié du XVIe siècle a amenés aux affaires, ne s'attachassent tous à consolider cette autorité légitime sans laquelle, selon le président Hénault, le progrès est impossible pour une nation, car il donna constamment l'exemple du renoncement à soi-même et de la fidélité aux lois de son pays.

Michel de L'Hospital, né en 1506 à Aigueperse, en Auvergne, était fils de Jean de L'Hospital, médecin du connétable de Bourbon. Il avait dix-sept ans, lorsque son père alla rejoindre en Italie le connétable, traître envers la France. « Tout d'un coup, a dit Michel de L'Hospital, une chute terrible, la ruine d'une puissante maison, accabla mon père... Sans rai-

sonner, en proie à une erreur fatale, il embrassa un parti que détestaient les dieux, comme
le prouve le sinistre résultat ; il s'est trompé, je
l'avoue ; il a été frappé d'une longue aberra-
tion. Pourtant il ne prit point les armes contre
la France ; il fit profiter seulement un ennemi
(et encore pas plus d'une année) des bienfaits
de sa science, lui qui, pendant trente ans,
l'avait soigné comme ami. Aussitôt après que
la mort le lui eut enlevé, il songea à abandon-
ner le parti contraire et à retourner dans son
pays natal. Il ne voulut accepter aucun des
avantages que lui offrait le César de Germanie :
ne dépendant plus de personne, il suivit Gramont, alors ambassadeur à Rome, et satisfit
son cœur, en rentrant au sein de sa patrie. »
Il ne lui fut pas permis de s'y fixer, car le cardinal de Gramont, qui s'était fait fort d'obtenir
sa grâce, mourut (1534) avant d'avoir pu fléchir le
courroux de François Ier. Sans doute, l'arrêt du

parlement de Paris, qui avait condamné Jean à
la peine capitale, ne fut pas exécuté ; Jean re-
couvra même la jouissance de ses biens ; mais
il dut se retirer en Lorraine, et quoiqu'il eût,
dans la suite, secondé de ses conseils, de son
argent, de son crédit auprès de la duchesse de
Lorraine au service de laquelle il s'était en-
gagé, un envoyé de François 1er, venu pour trai-
ter de la paix, il termina sa vie dans l'exil.

D'après Michel de L'Hospital, nul n'avait été
de meilleure foi dans sa parole ou ses actions,
nul n'avait montré plus de dévouement et d'ab-
négation que son père. Mais en même temps
qu'il s'était perdu par l'exagération de ces qua-
lités, Jean avait failli compromettre, pour toujours, l'avenir de Michel.

En 1523, lors du départ de Jean, Michel sui-
vait les cours de l'Université de Toulouse. Sus-
pect à cause des malheurs de Jean, il fut em-
prisonné sur l'ordre des commissaires royaux

chargés d'informer contre le fugitif. Rendu bientôt à la liberté, car son innocence avait été reconnue, il était, à son tour, passé en Italie. Son père était enfermé dans Milan. Michel, impatient de le revoir, pénétra dans la place que les Français avaient investie. Comme le siège se prolongeait, Jean, craignant qu'il ne perdît son temps, l'éloigna de Milan. Déguisé en muletier, Michel traversa les lignes françaises et gagna la ville de Padoue, où il devait compléter son éducation littéraire.

Par goût, il se fût adonné à la versification latine ; aussi bien, il semblait avoir reçu de la nature quelques germes du génie poétique, et Ronsard, dans une ode qu'il lui a consacrée, a pu s'exprimer ainsi :

> C'est lui dont les grâces infuses
> Ont ramené par l'Univers
> Le chœur des Piérides Muses,
> Faites illustres par ses vers.

Mais son père le dissuada de sacrifier les plus beaux jours de sa jeunesse à un labeur difficile et ingrat. « J'ai donc, racontait-il ensuite, j'ai donc, à l'ombre des forêts, dit adieu aux Muses pour me livrer à l'étude des lois. » Padoue avait alors une école de droit célèbre dans toute l'Europe ; Michel la fréquenta pendant six ans. « O jours fortunés, s'écriait-il plus tard, où je vivais libre d'affaires, sous un ciel pur, entouré d'objets d'études et conversant avec les grands hommes de l'antiquité, qui, pour m'instruire, paraissaient sortir de leurs tombeaux ! » A Padoue, il se lia avec de jeunes Français, Pierre Bunel, Emile Perrot, Barthélemy Faye, Arnoul du Ferrier, Jacques du Faur et Jean Daffis, qui depuis furent comme lui l'honneur ou du barreau ou de la magistrature. A leur exemple il lut avidement les commentaires d'Alciat, qui s'efforçait d'éclairer la jurisprudence par l'histoire, et fut assidu aux leçons de deux humanistes distingués, Lampride et Bonamici.

Ce qu'il avait vu pendant son séjour dans l'Italie septentrionale, Michel de L'Hospital ne l'oublia point. Dans l'une de ses épîtres, après avoir chanté l'Eridan ou le Pô, « ce roi des fleuves, » il ajoute : « A droite et à gauche on aperçoit les villes les plus riantes, dont les environs sont arrosés de mille ruisseaux divers. Les lacs, presque aussi navigables que la mer, nourrissent des poissons succulents, tandis que le laurier, le myrte, l'oranger fleurissent sur leurs rives. Combien il est doux de contempler ces promenades variées, ces vignes enlacées aux ormeaux, ces arbres symétriquement alignés, dont les rameaux dominent les récoltes d'alentour : on dirait des vergers et des jardins plantés et ornés par la même main... » Déjà, il avait célébré Vicence aux coteaux fertiles en vins généreux, aux champs couverts de mûriers ; Vérone et ses vieilles arènes ; enfin, Venise avec ses édifices publics, ses églises, sa place Saint-Marc, ses palais de marbre, ses admirables fabriques de verreries, ses six cents navires de guerre sillonnant sans cesse l'Adriatique, ses gondoles aux mille couleurs et son auguste Bucentaure, destiné au Sénat.

En 1530, à la prière de son père, Michel se rendit à Bologne pour assister au couronnement de Charles-Quint comme empereur et roi de Lombardie. Il revint ensuite à Padoue, où il se fit conférer le titre de professeur extraordinaire. Mais Jean, qui habitait Rome, l'appela auprès de lui. Dans sa correspondance, Michel parle de Rome moins en antiquaire qu'en moraliste[1], et en moraliste scandalisé des vices

---

[1] L'Hospital n'était pourtant pas indifférent aux merveilles de l'art antique. Lors de son séjour en Italie, il acquit des médailles de cuivre, des monnaies d'or et d'argent, ainsi que des vases d'un travail exquis, dont la collection, transportée plus tard au Vignay, fut léguée par lui à sa femme. On ignore ce qu'elle est devenue.

des Romains. « Jamais homme, ni cheval, dit-il, n'ont gagné au voyage de Rome : celui-ci ruine ses jambes en traversant les rochers des Alpes et les neiges de l'Apennin ; celui-là se perd dans les débauches des courtisanes romaines, surtout s'il ne suit l'exemple du sage Ulysse et ne bouche ses oreilles avec de la cire, pour éviter l'entraînement et les pièges cachés des sirènes... » Et ailleurs, faisant allusion aux exigences fiscales de la chancellerie romaine : « Sois maudite, Rome ! Semblable au vautour dévorant, tu engloutis les richesses éparses de l'Univers : or, argent, fortune, tu veux tout accaparer...» Les cardinaux, voire même les papes, ne sont pas épargnés : il flétrit les intrigues des uns pendant la tenue des conclaves, et fait, au sujet des autres, cette remarque : « Si je songe aux anciens pontifes et à leurs actes, je vois tous les bons foudroyés par une mort prématurée ; ceux-là seuls survivent qui changent

leur ancien genre de vie, élèvent leurs familles
au pinacle, en ruinant Rome et son empire, en
laissant de côté la religion et le culte de Dieu. »

C'est à Bologne que Michel avait été présenté
par Jean au cardinal de Gramont ; il le retrouva
à Rome. Bientôt le cardinal l'emmena à Mar-
seille (1533) où il accompagnait le pape Clé-
ment VII, conduisant sa nièce, Catherine de Médicis, à son futur époux, le second fils de François Ier. Il voulait demander au roi pour Jean
la permission de vivre librement en France,
et pour Michel, qui sur ses instances avait ré-
cemment renoncé à la place d'auditeur de rote[1],
un office de judicature. Mais après la mort su-
bite de Gramont, Jean, toujours sous le coup
d'une sentence capitale, dut, comme on le sait,

---

[1] Le tribunal de la rote, établie par Jean XXII et com-
posé de douze docteurs ecclésiastiques, jugeait les ma-
tières bénéficiales et les causes canoniques réservées à
la décision du pape.

sortir de France. Quant à Michel, à qui François Ier, en haine de son père, refusa tout emploi public, il s'établit à Paris où il embrassa
la carrière du barreau.

A cette époque, les plus célèbres avocats
étaient Charles Dumoulin, Pierre Séguier, Gilles
Lemaistre, Christophe de Thou, Marillac et
Montholon. L'Hospital n'était inférieur à aucun
d'eux. Il avait une connaissance approfondie de
la législation et des notions de droit naturel.
Par la lecture des bons auteurs de l'antiquité
et dans le commerce des philosophes qu'il avait
connus en Italie, il avait orné et élargi son
esprit. Sa parole était vive, familière, mêlée
d'érudition, mais sans excès ; elle abondait
en tournures et en expressions piquantes et
originales. Avocat consultant, il s'appliqua à
terminer les procès à l'amiable, et avocat plai-
dant, il s'abstint de tromper les oreilles et les
yeux des juges par d'insidieux sophismes ou

par des gestes d'histrion. La tactique ordinaire
des praticiens ou procureurs l'indignait :
« Qu'une main solide réussisse à étouffer les premières poursuites, il en surgit de nouvelles.
C'est sublime !... Regardez cette saillie qui se
projette en dehors du Palais, près de l'échoppe
de Galiot[1] où un aventurier milanais vend aujourd'hui son fard et ses onguents ; là sont venus
se briser, comme sur un écueil, les navires chargés des richesses des plaideurs. Cet antre, qui
sait tout, t'apprendra les manœuvres destinées
à obscurcir l'esprit des juges et à faire traîner
une affaire pendant de longues années ; il te
dira par quels moyens une mauvaise cause peut
devenir la meilleure... » Pour lui, au contraire,
« les lois enseignent à déjouer le dol et non à
le commettre, à faire transiger les parties pour
rétablir la concorde, à conserver ses mains nettes,

[1] Libraire du temps qui vendait les livres approuvés
sous le péristyle du Palais de Justice.

à éviter les frais, à ne point se remplir le ventre des disputes d'autrui, à veiller enfin sur le troupeau dont on a la garde et sur les avantages de tous. »

A entendre ainsi sa profession, L'Hospital courait risque de toujours rester pauvre, car les procureurs, dont il avait dévoilé l'astuce et l'avidité, détournaient leurs clients de recourir à son ministère. Mais sa réputation de savoir et de probité décida le lieutenant criminel Morin à le choisir pour gendre. Marie Morin, qu'il épousa en 1537, était une personne d'une singulière piété, qui, bien que fille d'un ardent persécuteur des huguenots, était protestante. En dot elle apporta à L'Hospital la somme nécessaire pour acquérir une charge de conseiller au parlement de Paris.

L'Hospital a exercé les fonctions de conseiller pendant seize ans (1537-53.) A la grand'chambre il fut rapporteur de plusieurs affaires im-

portantes, et siégea en 1540, en 1542, en 1546
et en 1547, dans les Grands-Jours de Moulins, de
Riom et de Tours. Comme magistrat, son exac-
titude fut exemplaire : il arrivait, avant le jour,
au Palais, avec un serviteur qui l'éclairait à
l'aide d'un flambeau, et il n'en sortait que
quand la baguette de l'huissier annonçait la
dixième heure. Sans regarder avec impatience
la marche trop lente du sablier, il écoutait les
plaideurs attentivement, tandis que la plupart
de ses collègues allaient deviser sous les ar-
ceaux du Palais. Rien n'égalait le soin avec lequel il recherchait la vérité, de sorte qu'il a pu
dire : « Je ne suis pas le dernier sur cent magistrats élus ou nommés à prix d'or. Je m'atta-
che des pieds et des mains aux vieilles tradi-
tions de l'honneur concurremment avec quelques autres qui survivent encore... » Quant
à son désintéressement il venait de son caractère et était parfait. Aussi déploya-t-il en 1542

une ardeur extraordinaire pour faire condamner au gibet le président Gentil, coupable de malversations.

Sévère pour lui-même, L'Hospital eût voulu que le parlement gardât toujours sa bonne renommée. Mais, écrivait-il : « Notre compagnie, jadis si respectable, est bien déchue depuis qu'elle a laissé l'accès libre à ceux qui n'ont donné les preuves d'aucune intelligence des affaires, qui connaissent à peine les premiers éléments de l'École et ne songent, dans leur stupide inertie, qu'à bien remplir leur panse... C'est la guerre qui nous a gratifiés de ces avantages, en distribuant aveuglément des récompenses au mérite ou à l'ignorance, et en obligeant la vertu à céder le pas à la fortune et à l'argent... » Persuadé qu'un corps judiciaire ne conserve son autorité qu'à la condition d'être irréprochable, il dut approuver, si même il ne la provoqua pas, une déclaration de Henri II

2

(1551) d'après laquelle, tous les trois mois, il serait tenu des assemblées, dites *mercuriales* du mercredi, jour destiné à ces séances, où les gens du roi, après avoir vérifié les plaintes portées par qui que ce fût, requerraient contre les membres du parlement qui auraient fait quelque chose d'indigne de leur ministère.

Bien que le parlement fût cour d'appel, les questions qu'il avait à trancher étaient souvent peu intéressantes. Aussi L'Hospital se plaignait-il « de rouler l'éternel rocher des disputes, depuis le lever jusqu'au coucher du soleil, et de voir le beau-père ou l'épouse accuser son gendre ou son époux de lui tendre des embûches, le mari chercher querelle à sa femme à propos d'une dot ou en appeler, pour un mot, aux pactes, aux obligations et à toute la jurisprudence. » Il s'irritait « d'entendre de son siège des avocats enroués, aboyant comme des chiens et n'épargnant pas même les juges dans les agressions d'un insolent orgueil. » Sa joie était donc grande, lorsque arrivaient les vacances du Palais ; elles duraient deux mois, pendant lesquels il habitait la villa de son beau-père, à Vitry-sur-Marne. « Comme après des passe-temps honnêtes, l'esprit récréé se reporte bien-tôt avec plus d'ardeur vers les tracas et les tra-vaux interrompus (quelque sérieux que soient ces passe-temps,) je prends les œuvres de Xéno-phon, ou bien le divin Platon fait entendre à mes oreilles les discours de Socrate. Mais j'aime mieux feuilleter les grands poètes, tels que Vir-gile ou Homère, ou encore la tragédie que je tempère par la comédie, passant ainsi du grave au doux, du gracieux au sévère. Je me plais aussi à lire les harangues d'un citoyen autre-fois célèbre et aimé de son pays, harangues ac-cueillies par les applaudissements du peuple et l'admiration du sénat, ou les plaidoyers de ceux

dont .l'éloquence, écoutée du Forum, pouvait
gagner toutes les causes. Je n'aime pas moins
les annales des rois Francs, dans leur naïve vérité, que les magnifiques romans de l'histoire
grecque, qui conservent à peine l'apparence de
la réalité. Mais rien ne me semble compa-
rable aux livres saints ; il n'en est pas où l'âme
trouve une plus suave quiétude, un port plus
abrité des tempêtes ! »

Dans sa studieuse retraite de Vitry, L'Hospital
entreprit de rassembler toutes les lois en un
seul corps, d'assigner à chacune d'elles sa place
naturelle, de concilier celles qui paraissaient se
contredire et de les rapporter aux principes
dont elles étaient la conséquence nécessaire.
Ce travail, il ne l'acheva pas. Par son testament
il chargea l'un de ses petits-fils, Michel Hurault,
de le continuer ; mais l'œuvre est restée incom-
plète.

L'Hospital aspirait aux grands emplois sans

être d'humeur à les solliciter. « Est il rien de plus désagréable et de plus honteux à voir, rien de plus absurde à entendre qu'un suppliant qui débute : Je suis, pour vous l'apprendre, de tous les citoyens le plus distingué, savant jurisconsulte, sage administrateur, habile général. Je demande les dignités suprêmes de l'État. » D'une excessive modestie, il croyait aisément que ceux qu'on lui avait préférés, l'emportaient en capacité sur lui. D'ailleurs, François Ier, ne voulant voir en lui que le fils d'un traître, était résolu à le tenir à l'écart. Cette persistance dans le ressentiment, L'Hospital ne se l'expliquait pas. « Me chassera-t-il toujours pour une faute commise par mon père et dont je ne suis pas responsable ? Infligera-t-il un éternel châtiment à une légère erreur ? N'est-il pas plus juste d'éprouver si la nature ou l'âge seront d'un meilleur effet ?... Dois-je me compter au nombre des traîtres ? Je n'ai pas abandonné la

2*

France pour suivre une vaine fumée ou de brillantes apparences ; je n'ai combattu ni ma patrie, ni le Père de ma patrie ; c'est de tout cœur que j'ai chéri le sol où j'avais vu le jour ; j'ai placé là ma maison, ma fortune et tous mes intérêts ; c'est une Française qui a donné le jour à mes enfants ! Depuis neuf ans environ que je siège comme juge j'ai constamment mis le bien public au-dessus de mon avantage personnel. »

Cette éloquente protestation d'un homme d'honneur ne convainquit pas François Ier, et c'est sous Henri II seulement que le chancelier Olivier put tirer L'Hospital, dont il estimait le caractère et appréciait l'érudition, d'une disgrâce imméritée. Le pape Paul III venait de transférer à Bologne le concile d'abord réuni à Trente. Pour décider Henri II à approuver cette mesure, qui avait irrité Charles-Quint, il renonça à toute prétention sur la collation des bénéfices ecclésiastiques. A cette concession il mettait deux conditions que Henri II accepta : 1° l'un de ses petits fils, Horace Farnèse, épouserait une fille naturelle de Henri II, Diane d'Angoulême ; 2° le roi de France ferait partir, au plus tôt, des prélats et des ambassadeurs pour Bologne. Parmi ces derniers figura L'Hospital (août 1547). Du récit qu'il a fait de son voyage, quand il alla en Italie, on extraira le passage où il raconte le meurtre du duc de Parme, Pierre-Louis Farnèse, meurtre suivi d'une scène sauvage dont il fut le témoin attristé. A Plaisance, « des citoyens ayant caché des armes sous leurs habits de ville, avaient profité de ce que les gardiens, chargés de la surveillance des portes, étaient peu nombreux pendant le jour, et après une faible résistance, s'étaient introduits dans la vieille citadelle, presque sans coup férir. De là ils avaient pénétré par des chemins connus dans un palais désert, jusqu'au lieu où le légitime héritier d'un royaume inondé de sang attendait en paix sa dernière heure. Les bras étendus, celui-ci avait imploré sa grâce, mais il était tombé percé de coups. Non rassasiés de carnage, les conjurés insultant d'une manière horrible à la défaite de leur ennemi, avaient accumulé honte sur honte, et après avoir mutilé le cadavre, l'avaient suspendu en l'air pour montrer à la populace enthousiaste ce hideux· spectacle... J'ai, s'écrie L'Hospital, presque assisté à cette épouvantable scène ; j'ai vu les épées flamboyantes, les mains rougies de sang, le fer encore chaud arraché de la blessure, le corps jeté aux chiens et des bandes de corbeaux flairant leur pâture!... »

A Bologne, L'Hospital éprouva une grande déception. Au lieu de restaurer, avec le concours des prélats venus des diverses contrées de l'Europe, la discipline ecclésiastique dont la décadence était l'une des causes du schisme qui coupait la chrétienté en deux, Paul III, exaspéré par le meurtre de Pierre-Louis Farnèse, ne songeait qu'à tenir Charles-Quint en échec ; la soif de la vengeance l'agitait quand l'intérêt de la religion aurait dû seul l'occuper. Sans être protestant, L'Hospital pensait que l'ambition des souverains pontifes, le luxe, l'avarice et les déréglements du clergé avaient, autant que le goût des nouveautés, contribué à la naissance et aux progrès de l'hérésie. Avant de sévir contre les dissidents, il fallait rendre à l'Eglise sa pureté primitive ; pour agir sur les âmes rien ne valait les bons exemples. « Que d'abord on réforme les mœurs, disait-il ; on réformera plus tard les croyances. Voilà le meilleur moyen de préparer et d'assouplir les esprits. En vain tu sémeras le bon grain ; si la terre n'est pas prête à le recevoir, tu ne récolteras que l'ivraie et les mauvaises herbes... » Etranger aux passions

qui égaraient Paul III et, à sa suite, les plus
hauts dignitaires de la curie romaine, L'Hospital s'isolait du reste des membres du concile.
« Ecoute-moi sérieusement, écrit-il de Bologne
au cardinal du Bellay ; depuis que je suis ici,
j'ai fait couper mes cheveux et laissé croître
ma barbe ; je parle peu et me fais plus volontiers comprendre par gestes ou mouvements de
tête ; je me crois un sage ; il me manque une
toge et des sandales vénitiennes... »

Il est vrai, à défaut d'occupations plus sé-
rieuses, L'Hospital trouvait à Bologne des distrac-
tions littéraires. « Rivale de Padoue par son université, cette ville possédait plusieurs de ces aca-
démies où les savants italiens aimaient à se réu-
nir. La plus remarquable avait été fondée par un
seigneur bolonais, Achille Bocchi... Là se ren-
contraient les humanistes les plus distingués,
Pierre Vittori, Lilio Giraldi, et ce Marc-Antoine
Flaminio, qui avait modestement refusé la charge

de secrétaire du concile : nobles esprits que l'érudition ne détournait pas de la poésie, catholiques éclairés dont le zèle aurait dû exciter celui des évêques[1]. » L'Hospital eut des rapports avec Bocchi et ses amis. Toutefois en dépit des délassements qu'une telle fréquentation lui procurait, le séjour de Bologne finit par lui être insupportable. Aussi, quoiqu'il ne lui plût guère d'avoir encore à trancher « les misérables querelles de la gent chicanière, » il reprit, sans trop de répugnance, son ancien genre de vie, lorsqu'il eut été, au bout de seize mois, rappelé en France. Mais il lui tardait d'en changer. En 1553, il résigna ses fonctions de conseiller au parlement pour devenir maître des requêtes, et peu après, chancelier de la duchesse de Berri, Marguerite.

Fille de François Ier et de Claude de France,

---

[1] DUPRÉ LASALE, *Michel de l'Hospital avant son élévation au poste de chancelier*, p. 124.

cette princesse avait appris de l'helléniste
Pontrone l'italien, le latin et même un peu de
grec. Comme hôtes habituels elle avait quelques-uns des poètes de la Pléiade, Ronsard,
Joachim du Bellay et Jodelle ; le docte d'Elbène,
qui lui dédia sa *Cité de la Vérité* ; les jurisconé-
sultes Duaren et Baudouin ; le professeur Govea ;
L'Hospital enfin, dont les vers latins lui sem-
blaient être un écho de Virgile et d'Horace.
« Tu sais, disait L'Hospital à Marguerite, secourir les pauvres et protéger les honnêtes
gens. Autour de ta table se réunit une société
d'hommes estimables qui égaient ton souper
par mille propos variés. Assise au milieu d'eux,
tu les juges en souveraine ; tu diriges seul ton
nombreux auditoire ; tu ordonnes à chaque
convive de lire ses bonnes ou ses modestes productions, tu distribues les récompenses et tu
convies ton frère, actuellement fatigué d'une
grande guerre, à se reposer dans la poésie. »

L'influence de Marguerite se faisait sentir
jusqu'à l'étranger. « Un jour, devant Carne-
secchi, savant italien qui avait entrée à sa cour,
elle loua les vers de Flaminio. Cet éloge,
transmis à l'auteur, ranima sa verve épuisée
par les maladies ; il voulut, avant de mourir,
remercier la princesse par un présent digne
d'elle et lui envoya des chants religieux d'une
exquise pureté [1]. » De même, pour répondre à
un désir de Marguerite, L'Hospital « vivant,
comme Laërte, dans une campagne solitaire,
guéri de l'ambition qui l'enflammait jadis et
exilé, » écrira l'une de ses dernières épîtres.

Dans son apanage du Berri, Marguerite était
bénie de ses sujets, à cause de sa douceur et de
sa libéralité. « Que fait-elle, demande L'Hospital à Pontrone, des superbes villes dont le roi
l'a dotée, de ces vastes campagnes que laboure

[1] Dupré Lasale, p. 154.

3

le paysan du vieux Berri, tout près de la Loire dont les eaux coulent en amoncelant le sable sur leurs rives ? Elle abandonne ses droits de souveraineté et n'exige, pour sa personne, ni revenus ni impôts, car elle dédaigne l'or et les richesses. » Outre qu'il aida Marguerite à soulager les misères du peuple, L'Hospital la seconda dans les efforts qu'elle fit pour développer l'enseignement du droit à Bourges, où Doneau, Cujas et François Hotman ont successivement professé.

L'Hospital a été le protégé non seulement de Marguerite, mais encore du cardinal de Lorraine, dont il avait acquis la bienveillance par des louanges ingénieuses. Vigilant à le servir, ce dernier épiait, pour la saisir, dès qu'elle se présenterait, l'occasion d'être utile à L'Hospital, et L'Hospital, qui comptait sur sa générosité, n'hésitait pas à lui demander une dot pour sa fille Madeleine. « Si la vertu et la beauté suffi-

saient pour gagner les cœurs des jeunes gens,
je ne te fatiguerais pas de mes supplications ;
mais les filles sans dot n'ont jamais su plaire,
et la jeunesse mal-apprise fuit la pauvreté
comme un monstre épouvantable. En attendant,
les jours passent et les années effacent les char-
mes extérieurs... Faut-il changer les habitudes
de ma famille en déclarant que ma fille vieillira
chez moi, dans le célibat ?... Un mot de toi me
délivrerait de mes soucis. » Ce mot, le cardinal
de Lorraine le dit, et Mlle de L'Hospital trouva
un mari, Michel Hurault, quand on sut qu'elle
apporterait en dot à son époux une charge de
maître des requêtes.

Sans cesser d'être chancelier de la duchesse
de Berri, L'Hospital fut, en 1554, nommé premier président de la chambre des Comptes.
Deux ou trois passages d'un *Discours* qu'il composa pour l'instruction de François II, donne-
ront quelque idée du pillage auquel le Trésor

était livré sous le faible Henri II, et des moyens
honteux qu'on employait pour combler le dé-
ficit. « Un prince n'a pas le droit de détourner
de leur destination les revenus de l'État pour
en gratifier des libertins, des infâmes ou des
parasites. Surtout qu'il chasse la vermine, les
rats et les cloportes de la cour, toujours avides
des deniers publics. Tel est le fléau immonde
qui désole la France et absorbe ses ressources
et sa vitalité ; à peine le roi reçoit-il le quart
ou le tiers des impôts ! Une foule de mains cro-
chues puisent dans les sacs de l'État... Que
le souverain n'invente aucun mauvais prétexte
pour attirer l'argent dans ses coffres ; qu'il
n'accuse jamais ses sujets opulents de crimes
supposés ; qu'il ne persécute pas les inno-
cents ; qu'il observe les formes de la législation
et ne se hâte point d'enrichir un puissant af-
franchi ; souvent l'honnêteté est en butte aux
poursuites de l'avarice, tandis qu'en réalité la

victime n'a commis d'autre faute que d'être riche de terres et de châteaux. »

L'Hospital fit des exemples de sévérité qui
effrayèrent les coupables et refusa de solder
les *acquits de comptant* [1]. Par là il se rendit
odieux à bien des gens. « On voit avec un dépit amer, écrivait-il à Olivier, que les vols ne
sont plus impunis, que j'établis de l'ordre dans
la recette et dans la dépense et que je m'op-
pose au payement des dons légèrement faits...
Vous connaissez cette espèce d'hommes qui
nous vient de la cour, leur rapacité, leur lâche
effronterie. Que faire ? Dois-je préférer leur amitié déshonorante à ce que me prescrivent mes
obligations envers le roi, mon amour pour la
patrie ? Eh ! bien donc, qu'ils engloutissent

---

[1] Lettres patentes signées du roi et portant l'ordre au
garde du Trésor de payer à vue la somme mentionnée
dans ces lettres sans que fût indiqué l'emploi auquel
elle était destinée.

tout, et le soldat sans paye ravagera nos provinces pour subsister, et l'on foulera le peuple
par de nouveaux impôts !... » Un jour où une
gratification lui paraissait avoir été accordée à
tort, il disait à Henri II : « Sire, cet argent est
la subsistance du peuple. C'est la récolte et la
nourriture de vingt villages sacrifiées à l'avidité d'un seul homme. » Le langage qu'il tenait
à Catherine de Médicis n'était pas moins ferme.
« Madame, le royaume s'en va en fêtes et en
divertissements, et si, que deviendront vos enfants, quand il n'y aura plus de royaume ? »

Ennemi de tout genre d'exactions, L'Hospital
blâmait les juges de rechercher les procès qui
donnant naissance à des actes successifs et in-
déterminés, devaient être les plus productifs
pour eux. « Il est impossible d'assouvir cette
ardeur d'amasser qui dévore nos tribunaux, et
que nul respect humain, nulle pudeur, nulle
crainte des lois ne suffit à réfréner. Si le roi

pouvait rendre la justice en personne, ce qui
est le premier attribut du trône, oserait-il faire
payer ses jugements ? Pourquoi donnerait-il ce
droit odieux à ceux qui le représentent ? » Et
L'Hospital racontait l'histoire d'un conseiller
qui suspendait dans son grenier les sacs des
procédures qu'il avait à rapporter ; il se plaisait à les visiter, à les contempler, à en sup-
puter les profits, comme un berger qui ins-
pecte son troupeau en calculant les bénéfices
de la tonte. Si, par malheur, on venait à transiger, il ne pouvait se résoudre à rendre les
pièces, car il semblait qu'on lui arrachât son
bien.

L'Hospital applaudit donc à l'édit de 1554
qui divisait le parlement en deux semestres,
dont l'un exercerait pendant les six premiers
mois de l'année et l'autre durant les six derniers. Par la vente des offices à créer pour dou-
bler le nombre des titulaires actuels, on se

procurerait le moyen d'augmenter les gages
des magistrats ; mieux rétribués, ceux-ci n'exi-
geraient plus *d'épices* [1]. Mais la mesure fut dé-
noncée comme un instrument de despotisme :
on prétendit que le roi formerait l'un des semestres avec ses créatures qui enregistreraient,
sans velléité de remontrances, toutes les lois
qu'il lui plairait de faire. En même temps,
L'Hospital était accusé d'avoir, par rancune
contre d'anciens confrères, dressé l'édit. Il n'en
était rien ; c'est lui-même qui nous l'apprend :
« Je ne puis m'attribuer l'honneur d'avoir, le
premier, proposé d'établir un règlement aussi
sage. Je n'ai fait qu'approuver l'exécution d'un

---

[1] Au xiv⁰ siècle, quand les denrées de l'Orient commencèrent à être recherchées en Europe. la partie qui
avait gagné son procès, portait à ses juges quelques
corbeilles d'épices. Bientôt l'usage en fit une loi, et l'on
en arriva, dans les tribunaux, à surseoir à la délibéra-
tion d'une affaire jusqu'à ce que les plaideurs se fussent
exécutés (LUD. LALANNE. *Dict. hist. de la France.*)

projet par lequel on voulait restituer à la justice le lustre et l'éclat qui doivent toujours l'ac-
compagner. La perte d'un gain aussi odieux a
irrité tous les esprits et me rend l'objet de la
plus noire calomnie. Les honnêtes gens mêmes
se laissent entraîner, et leurs voix, pour m'ac-
cabler, se joignent aux cris de quelques hommes
déshonorés que désespère l'impossibilité où ils
sont maintenant de continuer le trafic infâme
qu'ils faisaient de la justice. Mes mœurs et
toute ma vie n'ont pu parler assez haut en ma
faveur, pour repousser leurs lâches insinuations.
Qu'une vile complaisance pour les grands, ou
que des haines particulières aient pu détermi-
ner mes démarches, je vous en prends à témoin
vous tous avec qui j'ai exercé les emplois que
vous remplissez aujourd'hui. Jamais ces honteux motifs ont-ils rien pu sur moi? Et cependant on s'efforce de jeter le désespoir dans mon
cœur, de me donner de l'horreur pour la vie...»

3*

Comme sous des formes flexibles L'Hospital avait un cœur inébranlable, il surmonta le découragement que lui avaient causé ces perfides insinuations. « Puissent mes vers, disait-il, me venger de la calomnie, cet épouvantable fléau qui égare peuples et rois, qui amoncelle ruine sur ruine ! » Puis, cherchant sous quels traits il représenterait, s'il était un autre Apelles, cette Calomnie dont les morsures l'avaient déchiré ; il ajoutait : « Je peindrais la Calomnie à l'heure de sa naissance, traînant après elle l'Avarice et l'Envie, au regard hypocrite, glissant ses accusations à l'aide de paroles flatteuses et inoffensives en apparence ; sur le second plan, un roi stupide, les joues pendantes, la bouche contrefaite, les oreilles aussi longues que celles d'un âne, la suit partout où elle le conduit. Le délateur veille à toutes les portes, afin d'empêcher qu'un ami sincère ne réveille le prince de son engourdissement, ne

dissipe les ténèbres qui l'environnent et ne lui
apprenne la vérité. »

Patriote comme il l'était, L'Hospital, dans ses
Épîtres, exprime avec vivacité la joie que lui
causent les succès des Français luttant, sous
Henri II, contre la maison d'Autriche. Après la
conquête des Trois-Evêchés (1552) : « Nous
sommes venus, s'écrie-t-il, et nous avons vaincu
sans effusion de sang. L'Allemagne, libre et
sortie des mains d'un cruel tyran, a rendu au
roi ses anciennes limites. » La valeur et l'habileté de François de Guise ont-elles conservé
à la France l'une de ses récentes acquisitions,
Metz : « La Germanie, dit L'Hospital, a donc
enfin cédé le vieux fleuron de sa couronne au
courage de nos soldats. Nous sommes vain-
queurs, concitoyens, et les armées qui mena-
çaient notre liberté ont abandonné le champ
de bataille en fuyant ignominieusement devant
nous ; elles ont laissé sans sépulture des cada-

vres sanglants, et tout s'est soumis à nos lois.
Une poignée d'hommes (qui pourrait le croire!)
a soutenu le choc des forces combinées de
l'Europe, a foulé aux pieds l'orgueil espagnol
et la fierté d'un souverain, depuis longtemps
habitué à la victoire. Il se flattait de venger ses
humiliations en cernant quelques Français dans
une faible citadelle et de reconquérir ainsi son
autorité perdue. Mais la fortune a abandonné
le vieillard pour s'attacher au jeune héros...
Maintenant les rives de la Moselle aussi bien
que les plaines de Lorraine sont soumises à nos
lois ; le vieux Rhin tend ses bras au vainqueur. »

Quel chant de triomphe L'Hospital entonne
encore après que Calais, perdu depuis 211 ans,
a été enlevé à l'Angleterre ! « Nous, battus hier
et dispersés dans une grande bataille par les
Espagnols, nous remportons aujourd'hui la
victoire sur les Anglais. Nous avons repris la
ville ravie à nos pères et forcé la Grande-Bre-

tagne à se contenter de son Océan. Ils ont versé des larmes quand ils ont quitté cette terre occupée si longtemps par leurs aïeux... Une double victoire, Crécy, Poitiers, avait tellement gonflé l'orgueil britannique et fait mépriser notre puissance qu'on avait gravé sur le marbre, au haut des portes de la ville, ces mots : les Français prendront Calais quand le fer ou le plomb surnageront comme le liège. Paroles dignes des barbares, présomption surhumaine ! Mais ni les palissades, ni les fossés pleins d'eau, ni les châteaux-forts élevés de distance en distance, ni les soldats qui les gardaient n'ont pu arrêter nos escadrons et nos bataillons ! »

Pendant les conférences qui précédèrent le traité de Cateau-Cambrésis, L'Hospital, averti qu'on allait restituer à Philippe II ce que les armes espagnoles n'auraient pu nous enlever, après trente années de succès, reprochait aux négociateurs de ne pas représenter dignement l'honneur français. Il ne fallait rendre, à l'en croire, ni Turin, ni les places voisines, ni les forteresses des montagnes. Si elles restaient à l'Espagne, qui empêcherait Philippe II de dominer seul sur l'Italie et de venir baigner ses chevaux dans les eaux du Rhône ? Mais dès qu'il connut l'épuisement du royaume il changea de propos. « La France est fatiguée d'une si longue lutte ; elle s'affaise après tant de sacrifices. Les laboureurs quittent les champs et cherchent une nouvelle patrie ; le peuple, écrasé d'impôts, perd le goût du travail ; la noblesse déclare qu'elle ne pourra plus longtemps supporter les dépenses et les fatigues de la guerre ; en tous lieux règne le découragement. L'heure est venue où les rois doivent oublier leur haine et leur soif de sang. » D'ailleurs, une fois la paix signée, le roi pourra se consacrer au relèvement de son royaume. « Sa prudence et son habileté mettront d'accord les

partis religieux ; il recommandera mieux leurs
brebis aux pasteurs de son choix ; il réformera
les mœurs, établira de bonnes institutions chez
ses peuples et confiera à des citoyens intègres
les charges judiciaires, de façon que les crimes
seront punis et les vertus récompensées. Nous
n'aurons plus le spectacle de ces turpitudes qui
accablent les populations, de ce luxe affiché
sur les portes, sur les palais, sur les maisons,
dans les villes et loin des villes. Personne n'aura
le droit de puiser à pleine main dans le Trésor
public ! »

On sait qu'en vertu du traité de Cateau-Cambrésis, la princesse Marguerite épousa le duc
de Savoie, Philibert-Emmanuel. Sur l'ordre de
François II, qui venait de succéder à Henri II,
L'Hospital la conduisit à Nice. Il l'aurait ensuite
accompagnée à Verceil, si son élévation au
poste de chancelier de France ne l'eût contraint de se séparer d'elle (avril 1560).

II

L'HOSPITAL CHANCELIER DE FRANCE. — LOIS, ORDONNANCES ET RÈGLEMENTS

Ce qu'était le chancelier de France sous l'ancienne monarchie, L'Hospital nous l'apprend
lorsqu'il écrit à son prédécesseur Olivier : « La
garde du royaume entier t'est confiée. Tu es le
dépositaire du sceau royal, de l'empreinte de
cire jaune ou verte sans laquelle tous les titres
s'évanouissent, sans laquelle rien ne peut être
confirmé, ratifié. Les édits du roi ne reçoivent
leur force exécutoire, les jugements, les ordonnances des présidents et les lois n'ont de valeur

que le jour où toi, dignitaire suprême, y as mis
la dernière main. » Premier officier de la couronne en ce qui concernait la justice et chef de
tous les conseils du roi, le chancelier était ina-
movible, à moins qu'il n'eût été condamné à
mort pour forfaiture. En 1814, aussitôt après
le retour des Bourbons en France, M. de Ba-
rentin, déjà chancelier sous Louis XVI, recou-
vrait la situation qu'il avait occupée jusqu'au
10 août 1792, car il entrait dans le système de
Louis XVIII « de renouer la chaîne des temps. »
Il est vrai, quand le chancelier était tombé en
disgrâce, un garde des sceaux le suppléait pour
la partie active de ses fonctions. Sur les trente-
deux années pendant lesquelles Henri-François
d'Aguesseau fut, au XVIIIe siècle, chancelier, il
y en eut dix-sept où il fut privé de toute parti-
cipation directe au gouvernement. Enfin, de
1774 à 1790, M. de Maupeou fut chancelier de
nom seulement.

Voici le serment que l'on demandait au chancelier, lors de son installation : « Vous jurez au roi, notre sire, que vous le servirez et conseillerez loyalement, à l'honneur et au profit de lui et de son royaume, envers tous et contre tous ; que vous lui garderez son patrimoine et la chose publique de son royaume à votre pouvoir ; que vous ne servirez à autre maître ou seigneur qu'à lui ; ni robes, ni pensions, au profit de quiconque, seigneur ou dame que ce soit, ne prendrez, dorénavant, sans congé ou licence du roi..., et si d'aucuns seigneurs ou dames avez eu, au temps passé, ou avez présentement robes ou pensions, vous y renoncerez du tout ; et aussi vous ne prendrez quelques dons corrompables. Ainsi le jurez-vous sur les saints Evangiles de Dieu que vous touchez. »

Olivier, auquel succéda L'Hospital, avait été nommé chancelier en 1544. Son administration

avait été honnête et ferme. Comme il avait en
1551 déplu à la maîtresse de Henri II, Diane
de Poitiers, on avait prétendu qu'atteint d'une
maladie des paupières, il n'avait plus les yeux
assez bons pour distinguer la cire verte, avec
laquelle on scellait les édits royaux, de la cire
jaune dont on se servait pour les commissions
de justice, et l'on avait remis les sceaux à Jean
Bertrand. Celui-ci, dont le mérite, selon un
vieil auteur, consistait à se prêter à tous les
désirs de la cour, devait, un jour, le rempla-
cer. Mais à l'avénement de François II, Olivier
avait été réintégré dans l'exercice de sa charge.
On aurait pu craindre qu'à sa mort, survenue
le 30 mars 1560, Jean Bertrand ne se prévalût
de la clause insérée dans les lettres données
par Henri II en sa faveur. Il n'en fit rien et
même, par acte authentique, il renonça à en
revendiquer le bénéfice.

Est-ce aux Guises, ou est-ce à la reine-mère

que L'Hospital fut redevable de sa nouvelle dignité ? On ne le sait. Dès qu'il fut fait chancelier, il écrivit au cardinal de Lorraine qu'il avait hâte « de le remercier très-humblement ; » il ajoutait que, désormais, il se proposerait, « en toutes ses actions, » le cardinal comme « son chef, patron et conducteur. » Quelques années plus tard, à Moulins, le cardinal, mécontent de L'Hospital, lui jetait à la face, en plein conseil, ces dures paroles : « Et vous qui êtes ce que êtes à présent de par moi, » sans que le chancelier le contredît. Il semble donc que L'Hospital lui-même se tenait pour une créature des Guises. Plusieurs historiens, toutefois, pensent que Catherine, voyant que les Guises avaient eu l'art d'usurper l'autorité, jugea avantageux de confier les sceaux à un homme assez isolé pour ne pas paraître redoutable aux princes Lorrains, et assez vertueux pour se croire obligé de s'opposer à ces princes, par attachement à son devoir. De leur côté, les Guises auraient consenti à l'élévation de L'Hospital, persuadé que ce dernier, honoré de leurs bontés, plierait facilement sous leurs volontés.

Parti de Nice, le 11 avril 1560, L'Hospital arriva à Paris au commencement du mois de mai. Le 2 juillet, le parlement enregistra les provisions qui lui avaient été délivrées.

Avant d'indiquer la part que L'Hospital eut, de 1560 à 1568, aux événements politiques, on résumera les réformes qu'il a accomplies dans l'ordre judiciaire et dans l'ordre administratif. Trois ordonnances, celles d'Orléans (1561), de Roussillon (1564) et de Moulins (1566), lui sont dues. Certes, il serait injuste d'oublier que les états généraux d'Orléans (1560), suivis de l'assemblée de Pontoise (1561), ont, dans leurs cahiers, proposé presque tous les changements que L'Hospital a effectués. Mais leur initiative eût été vaine s'ils n'eussent trouvé à côté d'eux

un ministre assez courageux pour entreprendre
la réalisation de leurs vœux. Il restait, d'ailleurs,
à extraire des doléances des députés, quelque
peu confuses et contradictoires, des textes
clairs et précis. A cela ne se borna pas la tâche
de L'Hospital, car il y a dans les ordonnances
d'Orléans, de Roussillon et de Moulins des titres tout entiers qui lui appartiennent.

Ordonnance d'Orléans. — Depuis qu'en vertu
du Concordat, conclu par François Ier avec
Léon X, la nomination des évêques et des ab-
bés dépendait du roi, des sujets indignes, courtisans éhontés ou dissolus, avaient été, sur la
demande des dames, pourvus des plus riches
bénéfices, et tout espoir était perdu, pour les
prêtres bons et lettrés, d'obtenir la récompense
de leurs travaux. Sans revenir à la Pragmati-
que-Sanction que le Concordat avait remplacée,
L'Hospital voulut qu'une liste de candidats fût
dressée par l'archevêque dans la province du

quel une vacance se serait produite, par ses suffragants, par douze gentilshommes et par douze notables bourgeois. Ce serait ensuite au roi de choisir ou le nouvel abbé ou le nouvel évêque.

L'Hospital assujettit les évêques et les curés à la résidence ; contre les absents la confiscation du temporel fut autorisée.

Sous le nom d'annates, de provisions, etc... le saint-siège tirait de France des sommes considérables. On se souvient des éloquentes imprécations de L'Hospital contre son avidité, que nulle rapine ne pouvait assouvir. L'ordonnance d'Orléans défendit tout transport d'argent à Rome.

Cette même ordonnance restreignit la juridiction ecclésiastique, interdit aux clercs de recevoir des testaments qui les institueraient légataires, déclara leurs biens saisissables, moins les objets nécessaires au culte, et défendit les

monitions ou avertissements précédant l'ex-
communication, hors le cas de scandale public. Au lieu de proclamer la gratuité des sacrements, elle laissa « à la volonté et discrétion
de chacun de donner ce que bon lui semble-
rait. »

Pour faire disparaître l'inégalité qui existait
entre les revenus des différentes cures, il fut
enjoint aux évêques de répartir les dîmes pro-
portionnellement aux besoins.

Enfin, de peur que des engagements perpé-
tuels ne fussent arrachés à la faiblesse ou à
l'inexpérience, on exigea l'âge de vingt-cinq
ans pour les enfants mâles et de vingt pour les
filles, avant de se lier par des vœux monasti-
ques.

Plus vivement que les députés aux états généraux, L'Hospital avait flétri les abus qui, au
xvie siècle, déshonoraient la justice. Vénalité
des offices, longueur et cherté des procès, nom-

bre excessif des juges, arbitraire des juridic-
tions extraordinaires, obscurité calculée des
arrêts, mode insuffisant d'exécution des sentences et barbarie des traitements infligés aux
condamnés ou même à ceux qui n'étaient
qu'accusés ; rien n'avait échappé à sa muse
vengeresse. La première fois où il avait paru
au parlement comme chancelier, il s'était atta-
qué aux coupables avec une audace peu commune. « Les magistrats ici ne sont pas à l'abri
de tout reproche, avait-il dit ; ils sont hommes.
Le roi voudrait cependant qu'on punît sévère-
ment les crimes d'avarice et d'ambition. Cent
francs de gain au bout d'un an font perdre pour
cent mille écus de réputation. »

Plusieurs écrivains contemporains, entre autres François Hotman et Rabelais, ménagent encore moins les magistrats. Le premier compare
ceux qui après avoir acquis leurs charges à haut
prix, les exploitent en détail, à des bouchers qui

4

achètent un bœuf, le dépècent et en vendent les morceaux. Pour Rabelais ce sont des chats-fourrés dans la *taupinaudière* desquels on laisse toujours sa bourse. L'Hospital, qui avait sondé la plaie, entreprit de la guérir. Tout d'abord, il remit en vigueur l'ordonnance de Louis XII d'après laquelle, à chaque vacance, le roi prendrait le nouveau titulaire entre trois candidats qui lui auraient été désignés par les membres du tribunal qu'il fallait compléter. Cette même ordonnance avait institué, en outre de l'enquête sur les mœurs de l'impétrant, un examen de capacité que L'Hospital conserva et qu'il dirigea quelquefois lui-même.

« Après dîner, raconte Brantôme, on vint lui dire qu'il y avait là un président et un conseiller nouveaux qui voulaient être reçus de lui en leurs nouveaux états qu'ils avaient obtenus. Soudain il les fit venir devant lui qui ne bougea ferme de sa chaire. Les autres tremblaient

comme la feuille au vent. Il fit apporter un li-
vre du code sur la table et l'ouvre lui-même et
leur montre à l'un après l'autre une loi à ex-
pliquer, leur en faisant sur elle des demandes,
interrogations et questions. Ils lui répondirent
si impertinemment et avec un si grand étonne-
ment qu'ils ne faisaient que vaciller et ne sa-
vaient que dire : si bien qu'il fut contraint leur
en faire une leçon et puis leur dire que ce n'é-
taient que des ânes, et qu'encore qu'ils eussent
près de cinquante ans, qu'ils s'en allassent encore aux écoles étudier. »

L'Hospital diminua le nombre des juges par
voie d'extinction, exclut de la même cour le
père et le fils, les frères, les oncles et neveux,
et abolit plusieurs commissions extraordinaires
créées uniquement pour donner des semblants
de légalité à des iniquités flagrantes.

Afin d'amoindrir le grand Conseil où les évo-
cations appelaient les causes de tous ceux que

favorisait le pouvoir, le Conseil privé se constitua en *Conseil des parties* et s'attribua la décision des conflits de juridiction.

On n'aurait pu supprimer les *épices* sans augmenter les gages des magistrats. Puisque le Trésor, très-obéré, était hors d'état de suffire à un surcroît de dépense, L'Hospital renonça à cette mesure, mais il défendit aux membres des tribunaux de recevoir aucun présent.

En vue d'éterniser les procès on avait imaginé mille moyens dont on trouve la plaisante énumération dans Rabelais : ajournements, compensations, commissions, informations, productions, allégations, contredits, requêtes, répliques, dupliques et tripliques. L'Hospital abrégea les délais et restreignit les exceptions ou les causes de nullité. En même temps qu'il prescrivait aux juges « de préférer les expéditions des pauvres à tous autres, » il voulut que nonobstant les prétentions des privilégiés, l'appel des affaires se fit à tour de rôle et par ordre d'inscription.

Les sergents, qui devaient assurer l'exécution des arrêts et, au besoin, prêter main-forte aux huissiers et aux greffiers, se livraient à tant d'exactions ou de violences qu'on les avait surnommés les harpies et les griffons du peuple. L'ordonnance d'Orléans régla leurs salaires et les soumit à une surveillance rigoureuse.

Par l'ordonnance d'Orléans il fut enjoint de combler partout les oubliettes, ces abîmes « semblables au gouffre de l'Enfer, » où tant de victimes de la tyrannie féodale avaient péri au milieu des ténèbres et de la vermine.

Enfin, d'après l'ordonnance d'Orléans, chaque bailli visiterait son ressort quatre fois l'an, et les maîtres des requêtes continueraient leurs *chevauchées* à travers le royaume, car il importait qu'il fût demandé compte de ses actes à tout dépositaire de l'autorité publique.

4*

Édit de Roussillon. — C'est suivant des lettres datées de Roussillon, en Dauphiné, le 9 août 1564, que fut enregistrée par les parlements une ordonnance additionnelle à celle d'Orléans, que Charles IX avait signée six mois auparavant. Son dernier article, le trente-neuvième, est célèbre surtout : à l'avenir, l'année civile commencerait non à Pâques, mais le premier janvier. La mobilité du jour de Pâques donnait à l'année pascale les plus grands inconvénients. Dans l'ordonnance de 1564 on relèvera encore cette disposition : les vérifications des cours souveraines, ainsi que les réponses sur requêtes, seront, dorénavant, rédigées en français. Précédemment on s'était servi du latin.

Ordonnance de Moulins. — Plusieurs des prescriptions qu'elle contient sur les conditions que devaient remplir les candidats aux fonctions judiciaires, sur la suppression des sièges existants, etc... ayant déjà été indiquées, parce qu'elles expliquaient ou complétaient les décisions prises à Orléans, on se dispensera d'en parler.

Relativement à l'administration du royaume, l'ordonnance de Moulins impose aux parlements l'obligation d'enregistrer les déclarations royales, sans attendre qu'il ait été répondu à leurs remontrances ; elle recommande aux gouverneurs de maintenir l'ordre public et leur interdit d'évoquer les affaires pendantes devant les parlements, les présidiaux et les prévôtés, et en outre, de lever aucune contribution sans l'autorisation du roi ; elle dépouille de leur juridiction les seigneurs qui n'auront pas réprimé les révoltes ou attentats commis dans leurs domaines ; elle attribue aux maires, échevins, consuls, capitouls ou autres officiers municipaux, le jugement des affaires de simple police ; elle traduit, pour délit de droit commun, les ecclésiastiques devant les tribunaux ordinaires, etc...

Si l'ordonnance de Moulins a laissé des traces ineffaçables dans notre ancienne jurisprudence, c'est à cause des améliorations qu'elle a introduites dans le droit civil. Ce qui a trait aux successions, aux donations, aux substitutions, aux minorités, aux mariages et aux contrats, s'observait non seulement au temps de Louis XIV, mais encore à la veille de la Révolution française. Il paraît même que l'ordonnance de Moulins, en partie, sinon en totalité, était en 1827 suivie dans deux de nos colonies, la Martinique et la Guadeloupe.

Pour achever de faire connaître l'œuvre législative de L'Hospital, on signalera l'édit des *secondes noces*, par lequel furent diminuées les libéralités que la veuve, remariée, pût faire à son nouvel époux, au détriment des enfants du premier lit ; les mesures relatives à l'adminis-

tration des hôpitaux dans laquelle le roi inter-
venait « comme conservateur du bien des
pauvres ; » à la réforme des corporations d'arts
et métiers ; à la création des *juges-consuls*,
dont la compétence s'étendait à tous les *faits
de marchandises ;* à la répression de l'usage des
duels ; à la restriction des droits féodaux : droit
de chasse, droit de guerre, droit de guet, et à
la fermeture des maisons de jeu et de débauche.

Jaloux d'élever le niveau de l'enseignement
supérieur, L'Hospital a mis les chaires de l'Université de Paris au concours, en invitant les
savants étrangers à venir les disputer aux éru-
dits français. Du reste, l'instruction du peuple
le préoccupait non moins que celle de la noblesse ou de la bourgeoisie. Sans aller jusqu'à
vouloir avec les états généraux d'Orléans qu'elle
fût *obligatoire*, il assigna le surplus du revenu
des confréries à l'entretien, dans chaque bour-
gade, d'un maître qui, « choisi par la com-

mune voix, » tiendrait école gratuitement.

Par L'Hospital enfin furent faites plusieurs
lois somptuaires qui donnent la plus haute idée
de la pudeur et de la tempérance de ce grand
ministre.

On connaît le mot de Brantôme sur L'Hospital. « C'était un autre censeur Caton, celui-là,
et qui savait très bien censurer et corriger le
monde corrompu. » Pour stigmatiser les vices
de ses contemporains, L'Hospital a des accents
dignes de Juvénal. « La France croupit dans
le marasme... La fortune publique comme les
fortunes privées se dissolvent peu à peu, et en
attendant, nous chantons, buvons, dansons
avec grâce et agitons nos bras à la façon des
Maures ; nos femmes se parent d'habits au-dessus de leur condition, entretiennent des troupes de suivantes, attellent plusieurs chevaux à
leurs carrosses, comme si elles voulaient conduire en triomphe leurs époux vaincus... Les

gens économes, nous les appelons avares ; en
revanche, nous réservons notre admiration pour
ceux dont les coffres sont constamment ou-
verts à la débauche, pour ceux dont la cuisine
exhale une odeur succulente, pour ceux dont
la maison n'est jamais fermée aux courtisanes
et aux bouffons, aux rufiens et aux parasites... On aime à épiler ses joues, à arracher
ses cils, à se promener avec ostentation par
toute la ville, à attirer de son côté les regards
des passants ; on se couvre de parfums pour ne
point sentir le bouc ; on porte une jupe parse-
mée d'émeraudes ; on a un manteau qui des-
cend jusqu'au talon et qui étincelle d'or et de
pierreries ; et l'on fait supporter d'énormes per-
les à ses oreilles percées. » C'est avec une singulière liberté de langage que L'Hospital indique ensuite les funestes effets de ce luxe dé-
placé sur les mœurs nationales.

Afin d'arrêter les progrès du mal, il

édicta de fortes amendes contre les hommes
dont les vêtements seraient faits de drap d'or
et d'argent, ou seraient ornés de broderies, de
franges, de velours ou de soie ; contre les
femmes qui, passé la première année de leur
mariage, porteraient une parure sur la tête, ou
dont les vertugales [1] mesureraient plus d'une
aune et demie de tour. Le marchand qui aurait vendu des étoffes prohibées, n'aurait aucun
recours contre ses débiteurs peu scrupuleux, et
le tailleur, qui aurait confectionné des costu-
mes contre l'ordonnance, serait poursuivi en
justice.

Avec l'illusion d'imposer à son siècle des habitudes frugales, L'Hospital publia, en 1563,
un règlement suivant lequel, les jours ordinai-

---

[1] *Vertugale, vertugadin,* gros et large bourrelet que
les femmes avaient coutume de porter au-dessous de
leurs corps de robe (A. BEAUJEAN, *Dictionnaire de la lan-
gue française.*)

res, le repas consisterait ou en chair, ou en poisson, jamais en poisson et en chair ensemble. Les jours de noces, le nombre des services serait de trois au plus, chaque service étant de six plats. Au premier service figureraient le potage, la fricassée et les pâtisseries ; au second, ou la chair ou le poisson, et au troisième, les fruits, les tartes et le fromage. Chaque plat ne contiendrait qu'un seul mets, qui ne serait pas doublé ; par exemple, il ne se composerait que d'un chapon, d'un lapin ou d'une perdrix. Il serait pourtant licite de le charger de trois poulets ou pigeonneaux, de quatre bécassines ou grives et de douze alouettes. En cas d'infraction à l'ordonnance, l'amphitryon serait condamné à une amende de 200 livres, et le convive, qui n'aurait pas averti le magistrat, à une amende de 40 livres. Quant au cuisinier, il serait puni, la première fois, d'une amende de 10 livres et d'un emprisonnement de quinze

5

jours, et la seconde fois, d'une amende de 20 livres et d'un emprisonnement de trente jours. La troisième fois, il serait fustigé, puis banni du royaume « comme pernicieux à la chose publique. » Que si un juge ou quelque autre officier, présent à un festin, remarquait que le règlement était violé en quelqu'un de ses articles, il devait, sous peine de 200 livres d'amende, se retirer aussitôt, fût-il à jeun, pour aller dénoncer le fait aux gens du roi.

Ces prescriptions, quelque peu minutieuses, furent d'abord éludées : on éleva le prix de certaines étoffes d'invention nouvelle, on tourna ses habits à l'envers, on demanda aux commissaires du Châtelet des permissions dérisoires et l'on dîna de nuit. Ensuite, dès que L'Hospital eut été disgracié, il ne fut plus question de sa tentative de régénération sociale. Mais si plusieurs des réformes voulues par lui n'ont eu que des effets passagers, sa législation, dont les caractères distinctifs sont la sollicitude pour la faiblesse et la moralité, lui a survécu ; elle est un titre impérissable de gloire pour lui. « Ce grand ministre, au milieu des troubles civils, faisait parler les lois qui se taisent d'ordinaire dans un temps d'orage et de tempête ; il ne lui vint jamais dans l'esprit de douter de leur pouvoir ; il faisait l'honneur à la raison et à la justice de penser qu'elles étaient plus fortes que les armes mêmes et que leur sainte majesté avait des droits imprescriptibles sur le cœur des hommes, quand on savait les faire parler. » (*Hénault*).

III

L'HOSPITAL HOMME D'ÉTAT

On vient de le voir : par les ordonnances
d'Orléans, de Roussillon et de Moulins, ainsi
que par des édits dont l'analyse détaillée serait
déplacée dans une biographie, L'Hospital avait
essayé de réagir contre les abus ou de l'administration monarchique, ou du régime féodal,
ou encore du privilège ecclésiastique. De plus,
il avait voulu des lois préventives plutôt que
des lois répressives ; il avait déclaré que la
faute est personnelle ; il avait réclamé l'adou-

cissement de la procédure criminelle et l'égalité civile. C'est assez pour qu'il nous semble avoir été l'égal des plus sages législateurs de tous les temps. Dans les pages qui vont suivre nous montrerons que, comme homme politique, il n'eut point de modèle et n'a pas eu de rivaux, car n'étant ni huguenot, ni persécuté, il chercha à graver dans nos constitutions le mot sacré de tolérance. Initiative généreuse et d'autant plus admirable que, au xvi° siècle, la rigueur à l'égard des minorités religieuses était partout, en Europe, une maxime d'État !

L'Hospital fut chancelier de France sous François II et sous Charles IX, tous deux fils du roi Henri II et de Catherine de Médicis.

Débile de corps, faible d'esprit, François II, à l'instigation de sa femme Marie Stuart, avait livré l'autorité au duc de Guise et à son frère, le cardinal de Lorraine. Le gouvernement de ceux-ci n'avait satisfait personne. Bientôt aux *malcontents*, qui s'indignaient de la faveur d'une famille étrangère, s'étaient joints les calvinistes ou huguenots contre lesquels on avait organisé un vaste système de terreur, et la conjuration d'Amboise s'était tramée. Une trahison avait sauvé les Guises, qui, une fois le péril passé, avaient été sans pitié pour leurs adversaires : 1200 des conspirateurs avaient été immolés « sans figure de procès ; » des prisonniers avaient été jetés, pieds et poings liés, dans les flots de la Loire, et pendant ces exécutions, la reine-mère, ses fils, les courtisans, s'étaient mis aux fenêtres du château d'Amboise « comme s'il eût été question de voir jouer quelque momerie. » Puis, afin d'extirper le schisme, les Guises, qui n'étaient point sûrs des parlements, avaient, par l'édit de Romorantin (mai 1560), réservé aux évêques la connaissance du crime d'hérésie. A défaut de l'Inquisition qu'ils avaient demandée et qu'ils eussent préférée, ils s'en re-

mettaient aux prélats pour lesquels la condamnation des réformés serait affaire de conscience.

L'édit de Romorantin ne devait avoir d'effet
qu'après avoir été vérifié par les cours souverains. Or, le parlement de Paris, à qui, selon
l'usage, il avait été envoyé en premier lieu,
était sur le point d'adresser des observations
au roi. C'est alors que L'Hospital, investi de ses
fonctions depuis trois jours, vint le haranguer
(5 juillet). Il n'avait pas encore conçu le plan
hardi et nouveau d'amener les deux religions à
vivre sur le même sol, ou, du moins, si telle
était déjà sa pensée, il n'osa pas l'exprimer
hautement. Son discours est une paraphrase de
l'édit de Romorantin. « Les maladies de l'esprit
ne se guérissent pas comme celles du corps.
Quand un homme ayant une mauvaise opinion,
fait amende honorable et prononce les mots
d'icelle, il ne change pas pour cela son cœur.

L'opinion se mue par oraisons à Dieu, parole
et raison persuadée. S'il est obstiné en son erreur, licence et liberté, on lui doit fermer
l'Eglise et après le rendre au bras séculier. »
L'édit de Romorantin ne disait pas autre chose[1].
Il est vrai, L'Hospital donnait ensuite à entendre que le Gouvernement n'était pas éloigné de
rompre avec la tradition ancienne. Voici, sous
la forme indirecte, le langage que lui prêtent
les registres du parlement : « Les rois Fran-

---

[1] Avons par notre édit irrévocable délaissé et délais-
sons l'entière connaissance de tout crime d'hérésie aux
prélats de notre royaume comme naturels juges d'icelui
crime, et ainsi qu'ils avaient anciennement: les admo-
nestant et exhortant de faire résidence en leurs diocèses,
vaquer soigneusement à l'extirpation d'erreurs et héré-
sies par leurs bonnes mœurs, exemples de bonne et
sainte vie, prières, oraisons, prêchements et persuasion,
réduire ceux qui sont en erreur à la voie de vérité et
autrement procéder ainsi que les saints conciles,
canons et décrets ont ordonné (*Édit de Romorantin,
article 1er*).

çois Ier et Henri II et celui-ci, voyant que les erreurs pullulaient, ont fait comme à sarcler les blés, et étant nécessaire mettre la justice pour en tirer les mauvaises herbes ; mais depuis même cette année, les herbes ont tant crû et multiplié, qu'elles surpassent le nombre des épis, tellement que l'on est contraint à laisser le blé en l'état qu'il est. Le roi a fait comme les bons médecins qui souvent connaissent les maladies sans connaître la cause d'icelle ; et ayant usé de quelques remèdes aigres qui n'ont profité, prennent les doux... Le temps desdits deux rois portait que l'on fît des exécutions ; en ont usé. Aussi a le roi qui est à présent ; mais voyant que pour cela le mal ne guérissait, et connaissant par l'effet que ce n'était le vrai remède, en veut chercher d'autres. » L'Hospital enfin exprimait l'espoir que le concile œcuménique de Trente s'appliquerait à corriger la discipline ecclésiastique. Sans être protestant,

5*

car il n'a pas cessé d'aller à la messe, il jugeait,
avec plusieurs de ses contemporains, entre autres Jean de Monluc, évêque de Valence, et
Marillac, archevêque de Vienne, que les gens
d'Eglise ne devaient pas crier *haro* sur autrui,
quand il y avait plus de *haro* à crier sur eux.
Dans l'un de ses petits poèmes latins, il avait
naguère fait la satire de leur ambition, de leur
avidité et de leur mœurs dissolues en ces termes : « Ces hommes à robe noire, violette ou
rouge, qui se vantent d'indiquer le chemin du
ciel et font retentir les édifices sacrés du ton-
nerre de leurs paroles, que veulent-ils ? Ils cherchent de l'or, de l'opulence ; ils en demandent
au Trésor public ; ils réclament des temples
superbes et de riches bénéfices. Quand ils sont
par l'intrigue arrivés à leur fin, ils quittent
leurs églises, ne montent plus dans leurs chaires d'histrions, ne donnent plus au peuple le
moindre enseignement, mais comme des oise-

leurs, ils se glissent perfidement dans la confiance des rois ou des princes. Ils assouvissent leurs infâmes passions en se gorgeant de vins et de délices, en se plongeant dans les plus ignobles débauches. »

L'un de nos meilleurs historiens, M. Henri Martin, fait remarquer que L'Hospital n'a révélé que par degrés son dessein de substituer aux mesures violentes employées auparavant « une nouvelle façon de vivre. » Un mois après la séance du 5 juillet, l'édit de Romorantin était modifié. Et en effet, une ordonnance, celle du 6 août, que L'Hospital avait dressée, autorisait le parlement à informer contre les *assemblées illicites* ; par ces mots on désignait les prêches des calvinistes. Désormais, et ce point était important, les dissidents, quand ils étaient laïques, seraient justiciables de juges autres que les évêques. Il est d'ailleurs de toute évidence que L'Hospital était d'accord avec l'amiral de Coli-

gny, quand ce seigneur, dans une réunion de
Notables tenue à Fontainebleau, revendiqua
(23 août) en faveur de « ceux qui invoquaient
le nom de Dieu selon la règle de la piété, » la
permission de célébrer leurs cérémonies en
plein jour. A cause de la résistance du cardinal
de Lorraine, il ne fut pas statué sur la requête
de M. l'Amiral ; mais, malgré les Guises, les
états généraux, qu'un concile national suivrait
à bref délai, furent indiqués pour le 10 décembre. En outre, sur les instances du chancelier,
on décida (26 août) que jusqu'à nouvel ordre il
ne serait point procédé contre les hérétiques
qui n'auraient pas été pris les armes à la main.

L'opposition entre la politique des Guises,
politique d'extermination, et celle de L'Hospital, qui consistait en compromis, se manifesta
surtout à l'occasion du jugement rendu contre
le prince de Condé. Venu à Orléans pour assister aux états généraux, ce dernier avait été ar-

rèté sur l'inculpation de complot et traduit devant une commission extraordinaire. Comme
en sa qualité de prince du sang, il avait réclamé
son renvoi devant la cour des pairs, les Guises
avaient soumis les pièces du procès à des che-
valiers de Saint-Michel et à des membres du
Conseil, attachés à leur faction, qui avaient condamné Condé à mort. Seul, le comte de San-
cerre refusa de signer la sentence. Pour L'Hospital, il discuta, ajourna et finalement prétexta
la nécessité d'un plus mûr examen. Dans son
opinion, gagner du temps c'était sauver le
prince, car François II se mourait, et il était
probable qu'un nouveau roi ne voudrait pas
ensanglanter les débuts de son règne par une
exécution capitale. Cette prévision se réalisa :
dès que Charles IX eut succédé à François II
(5 décembre 1560), on annonça à Condé qu'il
était libre.

C'est L'Hospital qui, après l'avènement de

Charles IX, fit décider que les députés, précédemment désignés pour siéger dans les états généraux, continueraient d'agir en vertu de leurs commissions sur le principe que, par la loi du royaume, le mort saisit le vif, et que l'autorité royale passe, sans interruption, du roi défunt à son légitime héritier.

Le 13 décembre 1560, à l'ouverture de l'assemblée, L'Hospital, après avoir insisté sur l'utilité des états généraux, rechercha les causes du malaise public et les trouva dans le fâcheux état des finances, épuisées par de longues guerres ; dans l'orgueil insupportable des nobles et dans l'ambition impatiente du tiers. Partisan de la monarchie absolue, il n'admettait pas « qu'il fût loisible au sujet de se défendre contre son prince, contre ses magistrats, non plus qu'au fils contre son père, soit à tort, soit à droit, soit que le prince et magistrat fût mauvais et discole [1], ou soit qu'il fût bon. » D'autre part, il déclarait que le souverain doit être ménager du bien de ses sujets, lequel ne lui appartient pas en propre.

De la longue harangue de L'Hospital le passage le plus connu est celui où il est parlé de la religion. Le chancelier n'ignorait pas que le schisme avait fréquemment armé le fils contre le père, le frère contre le frère. « Si donc la diversité de religion sépare et disjoint les personnes qui sont liées de si prochains degrés, que peut-elle faire entre ceux qui ne se touchent de si près ? La division des langues ne fait la séparation des royaumes, mais celle de la religion et des lois, qui d'un royaume en fait deux. De là sort le vieil proverbe : *une foi, une loi, un roi.* » Fallait-il néanmoins recourir à la force pour rétablir l'unité de croyance ? L'Hos-

[1] *Discole*, ce mot tiré du grec signifie boiteux des deux jambes.

pital n'était point de cet avis, car il ajoutait :
« Tu dis que ta religion est meilleure, je dé-
fends la mienne ; lequel est le plus raisonnable
que je suive ton opinion, ou toi la mienne ? Ou
qui en jugera si ce n'est un saint concile ? »
Puis il adjurait l'Eglise catholique de se ré-
former, car « la bonne vie persuade plus que
l'oraison, et le couteau vaut peu contre l'esprit,
si ce n'est à perdre l'âme ensemble avec le
corps. » Citons encore cet éloquent appel à la
tolérance : « Regardez comment et avec quelles
armes vos prédécesseurs ont vaincu les hérétiques de leur temps : nous devons par tous
moyens essayer de retirer ceux qui sont en erreur, et ne faire comme celui qui, voyant
l'homme ou bête chargée dedans le fossé, au
lieu de la retirer, lui donne du pied ; nous la
devons aider sans attendre qu'on nous demande
secours. Qui fait autrement est sans charité :
c'est plus haïr les hommes que les vices. Prions

Dieu incessamment pour eux, et faisons tout ce
que possible nous sera, tant qu'il y ait espé-
rance de les réduire et convertir ; la douceur
profitera plus que la rigueur. Otons ces mots
diaboliques, noms de parts, factions et séditions,
luthériens, huguenots, papistes ; ne changeons
le nom de chrétien. »

Catherine de Médicis était la personne la plus
intéressée à maintenir la paix publique, puisque, dès qu'il s'élèverait des troubles dans le
royaume, le pouvoir échapperait de ses mains
pour passer dans celles des chefs militaires ;
L'Hospital lui fit donc attribuer la direction des
affaires pendant la minorité de Charles IX. A
son tour, cette princesse crut utile de s'appuyer
sur L'Hospital, dont la bonne renommée ren-
drait son gouvernement populaire. Il existait d'ailleurs quelque analogie entre le
système du chancelier et le sien. « A mes
yeux, a dit L'Hospital, il vaut mieux recher-

cher tous les partis et s'en servir malgré leurs dissemblances. » De son côté, Catherine avait pour devise de donner des gages à tout le monde. Seulement, et c'est ici qu'entre elle et le chancelier la différence se marque, tandis que par la pratique de la politique de bascule, elle n'aspirait qu'à satisfaire son ambition personnelle, L'Hospital en étant, suivant ses propres expressions, « l'ami de Marius et l'ami de Sylla, l'ami de César et l'ami de Pompée ou de Brutus, » se flattait d'épargner à la France « de douloureuses funérailles. » D'après Regnier de la Planche, quand on lui signalait quelque plaie prochaine, il avait à la bouche ce mot qui prouve sa noble confiance dans les moyens dilatoires : « Patience ! patience ! tout ira bien. »

Après avoir déféré l'administration du royaume à Catherine, et posé, dans leurs cahiers, les bases de l'ordonnance d'Orléans, les députés retournèrent dans leurs provinces ; ils devaient consulter leurs mandants sur la quotité des subsides qu'il convenait d'accorder à la couronne. Au mois d'août 1561, un *abrégé* d'états, qui siégea à Pontoise, puis à Saint-Germain-en Laye, vota un impôt sur les vins qui devait rapporter un million 200,000 livres par an ; par an aussi le clergé payerait un million 600,000 livres pour l'extinction des dettes du roi.

Afin d'empêcher la réunion en France d'un concile national, le pape Pie IV avait de nouveau convoqué le concile de Trente ; mais l'attente de cette solennelle assemblée n'avait pas calmé l'effervescence des catholiques et des protestants en France ; chaque jour, des violences se commettaient sur divers points du territoire. Il était urgent d'y mettre un terme. L'Hospital fit accepter à Charles IX et à Catherine l'ordonnance du 19 avril 1561 : elle défendait tous les signes extérieurs, toutes les qualifications injurieuses propres à alimenter les haines, délivrait les détenus pour cause de religion et prononçait les châtiments les plus sévères contre les séditieux.

Blessé de n'avoir pas été consulté, le parlement de Paris, par un arrêt du 11 mai, suspendit la publication de cette ordonnance dans toute l'étendue de son ressort. Son exemple pouvait trouver des imitateurs. Sans rechercher si le parlement n'avait pas outrepassé son droit, le chancelier l'invita à participer aux conférences qui se tinrent au Palais de justice pendant le mois de juin et qui aboutirent à l'édit de juillet. Cet édit prohibe, sous peine de confiscation de corps et de biens, toute espèce de prêche, attribue la connaissance de la simple hérésie aux juges ecclésiastiques et défend aux juges séculiers, auxquels les gens d'Église auront livré l'hérétique, de lui infliger une peine plus forte que celle du bannissement ;

enfin accorde amnistie pleine et entière quant
au passé, à la charge pour tous de vivre « pai-
siblement et *catholiquement*. »

L'édit de juillet, que le parlement de Paris
vérifia sans le moindre retard, était en opposition avec les idées de L'Hospital. Celui-ci le déclara franchement aux prélats catholiques qui
délibéraient alors sur les points de doctrine
qu'ils se proposaient de défendre dans le colloque de Poissy. Suivant lui, « la conscience est
de telle nature qu'elle ne peut être forcée, mais
doit être enseignée, et n'être point domptée ni
violée, mais persuadée par vraies et suffisantes
raisons. » Est-ce que, du reste, la victoire de
ceux qui prétendaient terminer le débat avec
l'épée, était certaine ? On aurait affaire à des
adversaires la plupart « gens de fait et nobles, »
dont il serait d'autant plus difficile de triom-
pher qu'ils étaient tous « d'une volonté et même
propos. » En contraignant à l'émigration nom-

bre de dissidents on appauvrirait le pays maté
riellement et on le dégarnirait de plusieurs
hommes d'esprit « qui pouvaient grandement
servir la république. » Les peuples voisins de
la France étant, en majorité, protestants, les
poursuites dirigées contre leurs coreligionnaires les pousseraient peut-être à envahir le
royaume. Enfin, s'imaginer que les réformés se
résigneraient à l'interdiction de leurs conventi-
cules, c'était se tromper étrangement. « Quant
à leurs assemblées, disait L'Hospital, il ne les
faut point séparer de leur religion, car ils
croient que la parole de Dieu les oblige étroi-
tement de s'assembler pour ouïr la prédication
de l'Evangile et participer aux sacrements, et
tiennent cela pour un article de foi. Tellement
que est vraisemblable qu'ils endureraient plutôt cent mille maux que d'être privés de leurs
assemblées... Joint aussi qu'il ne se trouverait
pas que les assemblées soient séditieuses, mais

au contraire. Et est apparu qu'en icelles on prie Dieu pour le roi, pour les juges de son royaume et pour tous les hommes. »

Plus explicite encore fut le langage que L'Hospital tint à l'assemblée de Saint-Germain-en-Laye : « Il me souvient que Cicéron accusait Caton de ce que étant en un siècle si corrompu, néanmoins en ses opinions il était si droit et si roide comme s'il eût vécu en la république de Platon. Il faut toujours considérer que la loi soit proportionnée aux personnes, comme le soulier au pied. Ainsi, cet édit, en soi, est beau, et l'expérience a montré qu'il était impossible. » Car pour le faire observer, il faudrait que le roi fît la guerre à ses sujets : « Chose qui est non seulement répugnante au nom de chrétien que nous portons, mais à toute humanité. »

Dans le discours qu'il prononça le jour où les docteurs calvinistes assistèrent, pour la première fois, au colloque de Poissy, L'Hospital, après avoir invité les prélats catholiques à opérer la réforme de l'Eglise sans attendre les décisions qui devaient émaner du concile de Trente, les supplia « de ne point estimer ennemis ceux de la nouvelle religion qui étaient chrétiens comme eux, et baptisés, et les condamner par préjudice, mais les appeler, chercher et rechercher, ne leur fermer la porte, ains les recevoir en toute douceur, et leurs enfants, sans user contre eux d'aigreur et d'opiniâtreté. »

Loin d'être intimidé par les tumultueuses protestations qu'avaient soulevées ces paroles et de vouloir désespérer encore du patriotisme des chefs de la faction catholique, L'Hospital formula, dans l'édit du 17 janvier 1562, les conditions d'un accord possible entre les deux partis : injonction à ceux de la nouvelle religion de restituer les biens d'Eglise dont ils s'étaient emparés et défense de tenir leurs synodes et

consistoires sans permission royale ; mais sur-
séance à toutes peines « pour le regard des assemblées qui se feraient de jour, hors des
villes. »

Cette unique concession, si petite qu'elle fût,
parut aux catholiques excessive. Ceux de Paris,
pour être protégés, recoururent au duc de
Guise, qui résidait alors en Lorraine. « Accompagné le mieux qu'il pût, » le duc se dirigea
vers la capitale. Le 1er mars, il s'arrêta à Vassy,
en Champagne, pour entendre la messe. Dans
ce moment, les huguenots, réunis dans un fau-
bourg, chantaient leurs psaumes : assaillis brus-
quement par les pages et les domestiques de
Guise, ils furent tous ou tués ou blessés.

Le massacre de Vassy fut « comme le son de
la trompette qui appela la France aux armes, »
et la première des huit guerres de religion qui,
au XVIe siècle, ensanglantèrent le royaume,
commença aussitôt. « Il est à noter pour jamais

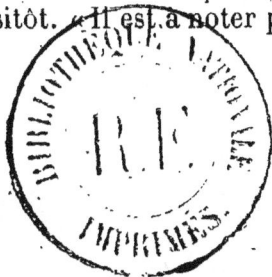

6

que tant qu'on a fait mourir les réformés sous la forme de justice, quelque inique et cruelle qu'elle fût, ils ont tendu les gorges et n'ont point eu de mains. Mais quand le magistrat, lassé des feux, a jeté le couteau aux mains des peuples, qui a pu défendre aux misérables d'opposer les bras aux bras, le fer au fer, et de prendre d'une fureur sans justice la contagion d'une juste fureur ? » (*Th. A. d'Aubigné*). Des deux côtés, on invoqua l'étranger : tandis que les Guises s'alliaient avec l'Espagne et la Savoie, Condé et les huguenots demandaient du secours à leurs frères d'Angleterre auxquels ils livraient le Havre. Des deux côtés aussi, des violences odieuses furent commises : le catholique Blaise de Monluc et le protestant des Adrets rivalisèrent de férocité ; à Toulouse, 3,000 calvinistes furent massacrés, et quelques années plus tard, 150 catholiques de Nîmes périrent à la *Michelade*.

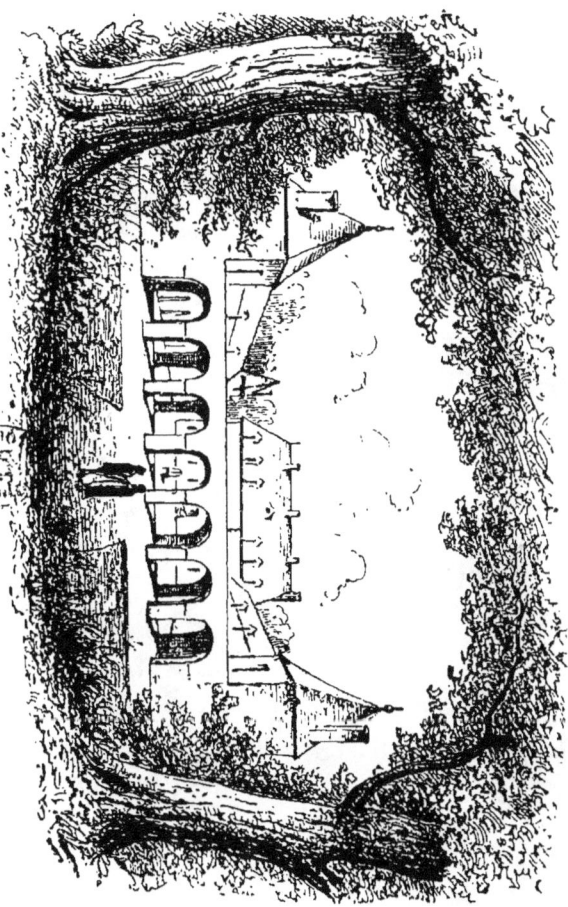

Le château du Vignay.

Au lieu d'aller à Monceaux, où la cour s'était établie dès le commencement des hostilités, L'Hospital se retira dans sa terre du Vignay, près d'Etampes [1]; il l'avait acquise en 1560,

[1] En 1834, le Vignay, construit près d'un coteau couvert de vignes qui lui avait fait donner son nom, se composait, comme au temps de L'Hospital, d'un grand corps de bâtiments au devant duquel était une cour. Cette cour était entourée de trois terrasses soutenues par des galeries et arcades. A chaque angle on voyait une tour. Celle qui était placée à gauche dans le fond, servait de cabinet au chancelier. Entre la tour de droite et le château était la chapelle. Au milieu du parterre était une citerne formant puits. A droite d'une petite porte à laquelle on arrivait en montant quelques marches, il y avait une pièce obscure où le chancelier conservait les archives confiées à sa garde. Cette même porte communiquait à un escalier gothique d'un effet très pittoresque. Au rez-de-chaussée était la salle à manger où le maréchal de Strozzi et Brantôme trouvèrent L'Hospital dînant avec du bouilli seulement, car « c'était son ordinaire pour les dîners. » Au premier étage, dans le salon, était le portrait original de L'Hospital, en robe noire, la main droite appuyée sur une boîte fleurdelisée contenant les sceaux de l'État. Malesherbes,

6*

au prix de 2,000 livres. « Aussitôt que ton poète a vu qu'il était devenu importun, écrivait-il à du Faur, il a regagné les sentiers déserts de son domaine. Là, du moins, il n'est plus contraint de vivre face à face avec les Pélopides. » Dans une épître *à ses hôtes*, il a fait une agréable description de sa propriété : « Votre ami n'est point riche ; son champ étroit et borné ne peut satisfaire que des hôtes tempérants. Vous aurez le nécessaire : un veau tendre, un agneau, des cochons de lait, et aussi des fruits, des noix, du vin des ceps que ma femme a plantés. Le

dont le château était peu éloigné et qui, chaque année, venait à pied au Vignay, « pour rendre sa visite au chancelier, » reconnut cette boîte et dit que c'était encore celle qui servait au même usage en 1789. Enfin, dans l'un des vergers de Vignay, s'élevait un if que L'Hospital avait planté : il avait dix pieds de large et neuf d'élévation ; on l'appelait toujours *l'if du chancelier*. Aujourd'hui, sur l'emplacement du Vignay, démoli postérieurement à 1834, est une ferme avec toutes ses dépendances.

fermier voisin nous fournit le reste... La maison est assez vaste pour son maître, qui peut même y recevoir trois ou quatre convives... La table y sera servie plus splendidement qu'aux champs : vous y verrez une salière d'argent que ma femme apporta de la ville et qu'elle y reportera ; vous admirerez la finesse de mes serviettes et la propreté de nos lits, garnis de draps en toile de lin.

« Quant à ces héritages que vous voyez aujourd'hui plantés d'ormeaux, ils étaient, sous l'ancien propriétaire, laissés à la culture. Ma femme, en arrivant ici, a changé cette destination, pour avoir sous la main des bois plus considérables et me donner plus d'ombre.

« Peut-être voulez-vous savoir quelles sources, quels ruisseaux arrosent les prairies et étanchent la soif du troupeau et de leur berger. Le puits de la colline suffit aux cultivateurs comme à leurs maîtres ; les troupeaux boivent l'eau de pluie recueillie dans nos citernes. »

Ailleurs, L'Hospital indique quelles étaient
ses occupations, ses plaisirs. « A la campagne
aussi bien qu'à la ville, ma maison est pourvue
de livres, mes plus fidèles amis. Aussitôt que
chassant les jeux, je me plais aux choses sé-
rieuses, j'ai là la docte école de Platon, le disci-
ple de Socrate... Ai-je besoin d'études moins
sévères, les poètes légers accourent de tous les
pays et envoient au ciel leurs doux chants. Ils
sont si nombreux et si variés dans les enivre-
ments qu'ils procurent à l'esprit du sage, qu'il
me semble difficile de chercher autre part la
vraie satisfaction. Oh ! si l'homme savait utili-
ser tous les éléments de bonheur qu'il a sous
la main, combien le reste lui paraîtrait futile ! »

Pendant que L'Hospital attendait au Vignay
la fin de la tourmente, les événements se pré-
cipitaient. A l'automne de 1562, le roi de Na-
varre, qui, par jalousie contre Condé, combat-

tait à la tête des catholiques, et le duc de Guise investirent Rouen. Le premier fut mortellement blessé devant cette place, qui fut emportée d'assaut. Le 19 décembre, Guise défit Condé à Dreux. Ce succès exalta les catholiques, mais, raconte Pierre de l'Estoile, L'Hospital, « qui avait les fleurs de lis dans le cœur, » éprouva un sentiment tout contraire, et, en pleurant, composa, pour servir d'épitaphe à la France, des vers latins dont le sens était : « Ah ! combattez pour la patrie, vous qui êtes dans l'âge des combats. Ce conseil est le seul secours que dans ses périls puisse lui porter ma reconnaissance. Que si poussés par votre fureur vous êtes sourds à ma voix et si vous courez aveuglément à votre perte ; si, ce qu'à Dieu ne plaise ! je dois survivre à ma patrie, à mes concitoyens ; à la vue de leurs corps étendus dans le sang, je tracerai cette épitaphe : Ci-gît la France que n'a pu vaincre aucun ennemi ; elle

s'est vaincue elle-même ; elle-même a creusé
son tombeau ! »

A la suite de la bataille de Dreux, Guise entreprit le siège d'Orléans. Pressé d'en finir, il
avait déjà désigné la nuit du 19 février 1563
pour une attaque générale ; mais le 18, il fut
assassiné par un calviniste, Poltrot de Méré. Sa
mort rendit dans le conseil la prépondérance à
la reine-mère, qui se hâta de conclure la pacification d'Amboise avec Condé. Le préambule
du traité, rédigé par L'Hospital, contient un
résumé énergique des calamités qu'engendre la
guerre civile : « meurtres, vengeances, pilleries,
forcements et saccagements de villes, ruines de
temples et églises, batailles données .. » Vien-
nent ensuite les articles arrêtés entre Condé et
les agents de la reine mère : les gentilshommes
tenant plein fief de haubert auront le droit de
vivre dans leurs châteaux « en liberté de leurs
consciences et exercice de la religion qu'ils di-

sent réformée, avec leurs familles et sujets. »
Pour les autres gentilshommes, ce même droit
leur est accordé, mais pour eux et leurs familles
seulement. Dans l'un des faubourgs de chaque
ville ressortissant à un parlement, Paris ex-
cepté ; dans deux des places qui, à la date du
7 mars 1563, appartenaient aux protestants, et
dans toute maison particulière, le culte sera
permis.

Puisque la lutte qu'il avait vainement cher-
ché à prévenir, était terminée, L'Hospital se
décida à reprendre le fardeau du pouvoir. « Les
nuages sont dissipés, dit-il à la fin de son épître à du Faur, le soleil est de retour et la mer
est calmée. Voici qu'à l'exemple de l'oiseau qui
se cache pendant les longues pluies, attendant
les rayons de l'astre de lumière pour s'élancer
dans l'espace, je ne me contente plus de mon
repos actuel, mais je songe à quitter le port ;
mes yeux se reportent en arrière, et sans me

souvenir du danger passé, je réfléchis aux
moyens de m'embarquer encore sur une mer
orageuse. »

Nul ministre peut-être ne connut mieux que
L'Hospital le sentiment national et le parti
qu'on pouvait en tirer en lui donnant une sage
direction. Les esprits s'agitaient toujours ; il
pensa qu'une guerre étrangère, en réunissant
catholiques et protestants contre l'ennemi commun, épargnerait à la France les horreurs de
nouveaux troubles civils. Il proposa donc de
chasser les Anglais du Havre. Il fallait subvenir
aux dépenses de cette expédition : le roi pres-
crivit (mai 1563) l'aliénation d'un petit nombre
de domaines ecclésiastiques. L'Hospital avait
suggéré la mesure. Au clergé, qui s'en plai-
gnait, il répondit : « Le Havre est aux Anglais,
et les biens de l'Eglise sont à l'État. »

Pour reprendre le Havre, l'effort fut unanime.
On vit affluer dans le camp royal la noblesse

des deux religions, et L'Hospital de s'écrier :
« Où sont les catholiques et les protestants ?
Où sont parmi eux les meilleurs citoyens, les
plus braves soldats, les plus ardents défenseurs
du roi ? » La garnison du Havre était forte de
7,000 hommes ; maîtres de la mer, les Anglais
pouvaient la ravitailler incessamment. Il semblait que le siège dût se prolonger ; du moins,
la reine d'Angleterre, Elisabeth Tudor, se van-
tait d'avoir préparé aux Français « de la beso-
gne pour un bon an. » Mais au bout de vingt-
deux jours d'un investissement incomplet, la
place capitula. « Voilà donc, observe L'Hospital, les effets de cette paix d'Amboise, dont on
ose encore médire [1] ; elle réunit la famille
royale, elle nous rend des frères, des amis, des

[1] Le roi d'Espagne Philippe II n'avait pas dissimulé à
Catherine l'horreur que lui inspirait la paix d'Amboise.
Avec son ambassadeur Chantonay, il considérait la
France comme « livrée au démon, » depuis le jour où,
pour se conformer à une clause du traité, on avait

7

parents ; elle établit notre sûreté et fait connaître à tous les peuples une nation respectable
par ses vertus et sa puissance. »

Le Havre recouvré et la déclaration de la
majorité de Charles IX faite devant le parlement
de Rouen [1], la cour alla résider à Fontainebleau. C'est dans ce lieu que se tint, au mois
de février 1564, un conseil privé où fut discu-
tée la question suivante : les décrets du concile
de Trente (ce concile venait de finir) seraient-

restitué aux huguenots leurs offices. (H. FORNERON, *His-*
toire de Philippe II, Ier vol.)

[1] Lors de cette déclaration, L'Hospital, en un admirable langage, rappela aux magistrats le principe d'après
lequel ils devaient toujours se conduire : « Vous êtes
juges du pré ou du champ, non de la vie, non des
mœurs, non de la religion. Vous pensez bien faire
d'adjuger la cause à celui que vous estimez plus homme
de bien ou meilleur chrétien, comme s'il était question,
entre les parties, lequel d'entre eux est meilleur poète,
orateur, peintre, artisan, et enfin de l'art, doctrine,
force, vaillance ou autre quelque autre suffisance, non
de la chose qui est amenée en jugement. »

ils reçus en France ? Comme ils prononçaient
la condamnation absolue du protestantisme et
comme ils étaient contraires au droit public de
la France puisqu'ils autorisaient le pape à dé-
poser les rois, les évêques à violer nos lois ci-
viles et les juges ecclésiastiques à faire exécu-
ter leurs sentences contre les laïques par la
saisie des biens et l'emprisonnement des personnes, il était impossible que L'Hospital, partisan de la tolérance religieuse et de l'indépen-
dance du pouvoir temporel, ne fût pas opposé
à leur acceptation. Son avis, conforme à la dignité du royaume autant qu'à la justice naturelle, l'emporta sur celui du cardinal de Lorraine.

Quelques jours après (13 mars), le roi partit
pour un long voyage dont Catherine, jalouse
de faire sentir partout l'autorité du Gouvernement, avait conçu l'idée, et que L'Hospital avait
approuvé dans la pensée que le spectacle de la

ruine du royaume inspirerait à Charles IX l'horreur de la guerre civile.

Charles IX visita d'abord la Champagne. A Troyes fut signée, sous les auspices du chancelier, une convention aux termes de laquelle la reine d'Angleterre renonçait implicitement à Calais contre un dédit de 120,000 écus.

De Troyes la cour se rendit à Bar-le-Duc. Là, Catherine négocia la neutralité des princes protestants d'Allemagne pour le cas où les troubles religieux se renouvelleraient en France.

Le cortège royal visita ensuite la Bourgogne ; le 23 mai, il fit son entrée à Dijon, où L'Hospital, dans un lit de justice, reçut communication de l'arrêt par lequel le parlement avait vérifié l'édit d'Amboise. Du reste, dans tous les lieux où il passait, il voulait être instruit des désordres qu'avait produits la guerre, de ceux auxquels on était exposé par l'insuffisance des lois, ou par la négligence ou la corruption des magistrats, et il établissait des règlements relatifs aux besoins de chaque ville, de chaque contrée. Il examinait tous les tribunaux, punissait les prévaricateurs et encourageait, par des récompenses et des éloges, les fonctionnaires dont il avait reconnu les lumières et l'intégrité.

A Lyon, Catherine, sans oser encore combattre à force ouverte le protestantisme, commença à pratiquer un système dont elle ne devait plus se départir : il consistait à reprendre une à une les concessions naguère faites aux calvinistes. En vertu d'une déclaration datée de cette ville, le 24 juin, l'exercice de la religion *prétendue réformée* serait momentanément suspendu partout où séjournerait le roi. A Roussillon, Catherine, sous prétexte d'interpréter le traité d'Amboise, et en réalité, dans le but de le restreindre, défendit aux Eglises de tenir des synodes et de faire des collectes d'argent, aux ministres, de quitter leur résidence habituelle et d'ouvrir des écoles (4 août).

Après Roussillon, les principales stations de la cour furent Aix en Provence, Montpellier, Toulouse, Bordeaux, Bayonne, Blois et Moulins. A Toulouse et à Bordeaux, comme à Dijon, L'Hospital adressa de sévères remontrances aux membres du parlement dont la conduite était repréhensible. Il disait à ceux de Bordeaux : « Il faut que la loi soit sur les juges, non pas les juges sur la loi. Le roi est venu en ce pays non pas pour voir le monde comme aucuns disent, mais faire comme un bon père de famille, pour savoir comme l'on vit chez soi et s'informer avec ses serviteurs comme tout se porte... Il a trouvé beaucoup de fautes en ce parlement, lequel comme étant plus dernièrement institué, car il a cent et deux ans, vous avez moindre excuse de vous départir et avoir oublié sitôt les anciennes ordonnances ; ce qui serait excusable aux autres parlements qui sont en vieillesse : et toutefois vous êtes aussi débauchés ou plus que les vieux ; par aventure, pis.

» Il y a ici beaucoup de gens de bien desquels les opinions ne sont suivies ; elles ne pèsent, mais se comptent. J'ai ouï parler de beaucoup de meurtres, pilleries et forces publiques commises en ce ressort. J'ai reçu beaucoup de plaintes des dissensions qui sont entre vous. Voici une maison mal réglée...

« Je regarde aussi que vous ne tâchez pas à garder votre autorité, que vous devez garder pour être révérés, et non point craints. Vous menacez les gens de vos jugements.

« Il y en a aussi qui sont grandement scandalisés de faire des mariages par force, et quand on sait quelque héritière, quand et quand, c'est pour M. le conseiller ; on passe outre, malgré les inhibitions...

« Messieurs, je crains qu'il y ait céans de

l'avarice ; car l'on dit qu'il y en a qui prennent
et pour faire bailler des audiences et autrement ;
par ce, ayez les mains nettes.

« Il y en a aussi céans qui sont joueurs, paresseux, et qui ne servent d'un demi-an, aucu-
nes fois d'un an, et certifient avoir servi. »

Les nobles, qui avaient failli, n'étaient pas
épargnés, plus que les membres des cours souveraines, par celui que Brantôme appelle « un
grand juge et un rude magistrat. » Le marquis
de Trans s'était livré en Guienne à de nom-
breuses vexations envers le peuple ; sur ajour-
nement il comparut devant le grand Conseil.
« Étant devant M. le chancelier, ainsi qu'il lui
voulait remontrer ses jeunesses, ses folies et ses
passe-temps et jeux cuisants, desquels il était
coutumier d'user... il se mit à rire. Comment!
Vous riez, dit-il, au lieu de vous attrister et
montrer un visage repentant de vos folies. Vous
vous pourriez bien donner garde qu'avec vos

risées et vos bouffonneries je vous ferais trancher la tête aussitôt que vous en aurais donné
la sentence... » (*Brantôme*).

A Bayonne, Catherine s'était abouchée avec
le duc d'Albe, ce confident sûr et cet inflexible
exécuteur des desseins du roi d'Espagne. Que
dans cette entrevue, Albe ait excité la reine-
mère à l'extermination des hérétiques et surtout de leurs chefs, car « une tête de saumon
vaut mieux que dix mille grenouilles, » cela
est probable. Ce qui est certain, c'est qu'il demanda le renvoi de L'Hospital, « fauteur et
appui des méchants. » Il le traitait de schisma-
tique, bien que L'Hospital pratiquât ostensi-
blement le catholicisme. Il est vrai qu'à la cour
de France on allait répétant en forme d'adage :
« Dieu nous garde de la messe de M. le chancelier ! » Sans doute, L'Hospital ne fut pas encore disgracié ; mais Catherine cessa de se ré-
gler d'après ses avis, et le roi, dont il avait

7*

jusque-là, modéré le fanatisme, s'écria en parlant des huguenots : « Il n'y a pas longtemps qu'ils se contentaient d'être soufferts ; aujourd'hui, ils veulent être les égaux des catholiques ; bientôt ils voudront être seuls et nous chasser du royaume. Le duc d'Albe avait raison : des têtes si hautes sont dangereuses dans un État ! L'adresse ne sert plus de rien ; il faut en venir à la force. »

Prévoyant d'épouvantables catastrophes si les partis reprenaient les armes, L'Hospital s'épuisait en efforts surhumains pour empêcher une rupture. Pendant le séjour de la cour à Moulins, une altercation s'éleva entre lui et le cardinal de Lorraine au sujet de la liberté dont usaient les ministres quand ils allaient voir leurs coreligionnaires malades. D'après le cardinal de Lorraine, chaque maison se transformait alors en lieu d'exercice. Sur l'observation du chancelier qu'il n'y avait là rien de contraire

aux édits : « Quels édits ? » demanda avec hau-
teur le cardinal. « Ceux, répliqua le chancelier, qui ont été faits pour la pacification du
royaume ; » et il ajouta : « C'est une chose pi-
toyable que de visiter les malades. Voudriez-
vous qu'étant à l'article de la mort ils ne fussent point consolés par la parole de Dieu ? —
Dites : poison, s'écria le cardinal. — Ils en
disent autant de votre religion, reprit le chancelier. Si vous estimez la leur poison, pourquoi
ne disputez-vous à l'encontre d'eux et les con-
fondez par textes de la Sainte Écriture lorsqu'ils s'offrent journellement pour disputer et
ne demandent autre chose ? Une conférence serait plus nécessaire que d'y venir par les violences, lesquelles nous avons vu n'avoir de rien
servi pour contraindre les hommes à croire
contre leur conscience... Vous nous voulez ra-
mener aux troubles. — Il semble à votre dire
que ce soit moi qui les ait amenés par ci-de-

vant, » dit aigrement le cardinal. S'animant de plus en plus, il reprocha au chancelier de rendre par de perpétuelles concessions les réformés plus audacieux, plus exigeants, et il finit par l'accuser de prétendre être « le coq » partout où il était.

Par malheur, le chancelier était seul à vouloir la tolérance. Comparant dans un vers d'une énergique concision L'Hospital et la France, un contemporain s'écrie :

Hic videt, hæc cæca est ; hic sapit, illa furit[1]. Bientôt même sa voix fut couverte par le bruit des armes : en septembre 1567, éclata la seconde guerre de religion. Elle dura six mois. Atteint d'un coup mortel dans le combat de Saint-Denis, le connétable de Montmorency, l'un des promoteurs du conflit, conjura, avant d'expirer, la reine-mère de terminer la lutte le

[1] Il voit, elle est aveugle ; il est calme et sage, elle est en proie aux furies.

plus tôt possible, car « les plus courtes folies
sont les meilleures. » L'Hospital aussi était de
cet avis, comme le montre un *Discours* qu'il
composa à la fin de 1567 et qui courut la France
sous le nom « d'un grand personnage, vrai sujet et fidèle serviteur de la couronne française. »
Il aurait pu se taire, mais « c'est piper et tra-
hir de celer et déguiser la vérité, quand il est
question de la république ; » il parlera donc. A
ceux qui affirment que la cause du roi seule
est juste il demandera : Est-ce que Dieu, pour
punir nos iniquités, ne saurait faire des protestants, même indignes, « les fléaux de sa vengeance ? » et il dira à ceux qui exaltent la puissance royale que l'issue de toute querelle est
incertaine. Fût-on sûr de vaincre, on n'anéan-
tirait pas tous les hérétiques ; les survivants
seraient plus ardents à chercher leur revanche,
et ils seraient peut-être aidés de l'étranger.
Puis, de quels désastres serait accompagné le

triomphe! « La pauvre Champagne nous serve
d'exemple, qui est déchirée si misérablement
qu'à vue d'œil il faut que les habitants meu-
rent de male faim, de rage. » Loin de poursui-
vre une lutte fratricide, qu'on s'applique à ra-
mener dans le bon chemin ceux qui l'ont quitté
non par malice, mais par ignorance, « car,
puisqu'ils sont malades de l'esprit, quelle félo-
nie et misanthropie serait-ce, au lieu d'en avoir
compassion et de les secourir, de les violenter
et persécuter à feu et à sang !... La justice pu-
nit ceux qui font mal sciemment et de propos
délibéré, et conserve ceux qui péchent inno-
cemment et qui par infirmité trébuchent. Il est
plus que notoire que la crainte les a poussés et
précipités en cette encontre. Car puisque l'on
confesse qu'ils ont entendement, ce serait folie
de penser qu'ils eussent osé entreprendre ni
même penser d'envahir l'État, sans avoir droit,
apparence ou couverture. » Quelques-uns ob-

jecteront peut-être qu'un roi ne doit pas capituler devant ses sujets ; mais « cela s'appelle-t-il
capituler, de permettre, pour toute convention,
que le roi demeurera leur prince et ils demeu-
reront ses sujets ? » — « Ceux donc qui, sous
prétexte de ne rien céder et de tenir toujours
leurs sourcils renfrognés, tâchent de s'agran-
dir..., tenant à peu le hasard de l'Etat.., peu-
vent à bon droit être appelés pestes et prodi-
teurs de la république, de leur patrie et de sa
Majesté. » D'ailleurs, quels sont les véritables
auteurs de la rébellion ? Ce sont ceux qui ont
conseillé la rigueur contre les dissidents. « Et
si depuis l'an 62 on les eût dextrement maniés,
la France serait heureuse ; mais ceux qui les
ont reboutés, torriqués et harcelés par mille et
mille injustices, violences, malignités et calamités, en cuidant affaiblir leurs ennemis, les
ont fortifiés et fait entrer en extrême défiance. »
Sa conclusion, L'Hospital la formule ainsi :

« Que le roi use de clémence, et il éprouvera
celle de Dieu. — Que le roi ne tienne point son
cœur, et Dieu lui ouvrira le sien. — Que le roi
donne à la république son offense et son dé-
plaisir, et tantôt après elle reconnaîtra avec
usure ce bienfait, et lui fera honneur de son repos et félicité. »

La paix que L'Hospital et Montmorency s'ac-
cordaient à recommander, fut signée à Longju-
meau, le 28 mars 1568 : elle confirmait le traité
d'Amboise. Mais à peine avait-elle été conclue,
qu'elle fut enfreinte par la reine-mère. Afin de ne
pas être supposé complice de cette perfidie,
L'Hospital s'éloigna de nouveau. « Vieux, ma-
lade, excédé de la ville et de la cour, écrivait-il
à l'un de ses amis, c'était assez avoir fréquenté
les hommes, c'était assez de vanité, c'était même
assez de gloire. » Ni Catherine de Médicis, ni
Charles IX ne songèrent à le retenir. Après
avoir essayé de tourner les obstacles, la reine-

mère était décidée à les briser. Quant à Charles IX, infidèle aux leçons de modération que
lui avait données le chancelier, il n'avait plus
à la bouche que ce proverbe italien : *Che huo-
mo morto no fa guerra*, et c'est avec une farou-
che impatience qu'il reçut de L'Hospital, se
séparant de lui, l'avis d'embrasser, dès qu'il
aurait « saoulé et rassasié son cœur et sa soif
du sang de ses sujets, » toute occasion de paix
qui s'offrirait. L'heure n'était pas propice aux
conseillers « politiques et tempérés plus que
passionnés. » *(Brantôme)*. Avec Henri IV, au
contraire, leur influence prévaudra, et, en attendant la liberté religieuse, ils inscriront dans
l'édit de Nantes le mot de tolérance, que
L'Hospital le premier avait prononcé.

IV

DERNIÈRES ANNÉES DU CHANCELIER DE
L'HOSPITAL

« Ils m'ont chassé, s'écrie L'Hospital parlant
de ceux qui l'ont fait disgracier, parce que je
demandais la paix, parce que j'étais le gardien
fidèle et vigilant des lois, parce que je ne vou-
lais point tolérer leurs dilapidations. » Du moins,
il pouvait affirmer qu'il n'avait point déserté le
combat. « Je n'ai pas fait comme les paresseux
et les lâches, qui se cachent au moindre péril et

obéissent aux premières inspirations de la peur.
Tant que j'ai été assez fort, je me suis maintenu ;
tant que j'ai pu me croire utile à la patrie et au roi,
j'ai fait bon marché de ma santé, de ma vie. Privé
de tout appui, même de celui du roi et de la
reine, qui n'osaient plus me défendre, je me
suis retiré en déplorant le triste sort de la
France. » Loin d'imiter Camille qui, banni
par ses concitoyens, vouait Rome aux dieux in-
fernaux, il aurait volontiers pardonné à ceux
que « sa vieillesse ennuyait, » s'ils eussent dû
gagner au change, mais « quand je regarde
autour de moi, disait-il, je suis bien tenté de
leur répondre comme un bon vieil homme
d'évêque qui portait comme moi une longue
barbe blanche et qui la montrant disait : Quand
cette neige sera fondue, il n'y aura plus que de
la boue. »

De même qu'en 1562, c'est au Vignay que se
retira L'Hospital. Peu de temps après, Cathe-

rine lui fit redemander les sceaux qu'il rendit
immédiatement; ils furent donnés à Jean de
Morvilliers, qui ne les accepta que dans l'espoir de les remettre un jour à L'Hospital, et
sans vouloir prendre des lettres de provision en
titre d'office, Du reste, L'Hospital conserva les
états et pensions dont il avait joui. De lour-
des charges pesaient sur lui. Outre les frais
d'éducation des neuf enfants issus du mariage de sa fille Madeleine avec Michel Hurault,
il avait à supporter les dépenses d'un grand
train de maison, inséparable de sa dignité.
Par allusion à la libéralité de Charles IX, qui
ne lui avait pas retranché ses gages, il disait
non sans une pointe d'ironie : « Il est comme le
bon maître qui se souvient de ses serviteurs
et ne craint pas non plus de nourrir ses
meilleurs chiens et ses meilleurs chevaux deve-
nus hors d'usage. »

A ceux qui le plaignaient de n'être plus au pinacle. L'Hospital répondait : « J'habite une maison assez propre, avec une épouse chérie, ma fille, mon gendre et mes petits-enfants ; je possède une belle bibliothèque qui me permet de lire, d'écrire, de penser. » Rien, pas même les mauvais procédés de quelques méchants voisins, n'altérait sa sérénité, car « quel est l'homme qui peut se dire à l'abri du chagrin et de la jalousie ? Le mendiant porte envie au mendiant, le proscrit au proscrit. » Sa chute d'ailleurs ne l'avait point surpris : il n'ignorait pas « que la faveur des rois ressemble à l'abeille qui voltige dans la campagne, se pose sur plusieurs fleurs et abandonne à jamais celles qu'elle a semblé le plus aimer. »

Veut-on savoir quelles étaient au Vignay, en dehors de l'étude, les occupations journalières de L'Hospital ? « Semer, récolter, engranger sa moisson, garnir ses celliers, cueillir ses fruits à leur maturité, sevrer ses agneaux, brûler ses

cochons de lait, les servir à table avec des
poules élevées dans sa basse-cour, choisir deux
pigeonneaux dans la tour de son colombier,
prendre au lac des animaux sauvages, attirer
des oiseaux dans les gluaux, surprendre leur
progéniture au nid, pêcher en tirant les filets,
saisir la proie vivante... » Tout entier au plaisir de la vie champêtre, il ne regrettait pas ses
grandeurs passées. « Le toit paternel n'est un
lieu d'exil que pour celui qui laisse engloutir
son oisiveté dans le vin et le sommeil, qui
n'a de goût pour aucun travail et qui voudrait
chaque soir être au matin et chaque matin être
au soir. »

Souvent L'Hospital est revenu sur le bonheur tranquille dont il jouissait alors. « Autre-
fois je n'avais pas un moment pour prier Dieu ;
je n'ouvrais mes livres que rarement, sans pouvoir m'adonner à une lecture sérieuse, et
encore fallait-il que ni les affaires ni les ordres

du roi n'en souffrissent de retard. Maintenant
je puis à mon gré disposer de mes instants. »
Mais s'il se plaisait au Vignay, ce n'est pas que
cette terre, « son petit royaume, » fût agréable
en toute saison : « La Beauce est bien triste
après la moisson, écrit-il à Barthélemy Faye ;
nos campagnes sont nues ; on n'y voit
ni forêts, ni ruisseaux, ni prairies ; on n'y
trouve rien qui puisse charmer la vue. Que
faire ? J'ai choisi Sparte ; je dois habiter
Sparte. »

L'Hospital était au Vignay, lorsque le futur
auteur des *Essais* , Montaigne, le visita (1570.)
Bientôt « pour témoigner l'honneur et révé-
rence qu'il portait à sa suffisance, » Montaigne
lui dédiait les poésies latines de son cher La
Boëtie.

Quoiqu'il n'eût plus de part au gouvernement,
L'Hospital s'intéressait toujours aux destinées
de la France. En 1569, à la nouvelle des san-

glantes batailles de Jarnac et de Moncontour,
cette exclamation douloureuse lui échappait :
« La France va périr déchirée par la guerre civile ; pourtant ni les rois voisins ni les barbares envahisseurs n'avaient pu la vaincre. »
Puis, quelques mois après la conclusion de la
paix de Saint-Germain-en-Laye (1570,) sur le
bruit que Charles IX aurait en Bretagne un entretien avec l'amiral de Coligny, il laissait
éclater sa joie, « car si M. de Châtillon (Coligny) trouvait une occasion de baiser la main du
roi, il lui soufflerait deux ou trois mots à l'o-
reille et lui apprendrait de combien d'intrigues
il est victime, de quels dangers son trône est
menacé. Ah ! s'il pouvait le réveiller du pro-
fond sommeil dans lequel il est plongé, il re-
lèverait son autorité, gouvernerait le peuple
qui l'appelle à grands cris et prendrait les rênes
de l'État que les mains trop faibles du jeune
prince ne sauraient encore tenir ! »

D'abord on put croire que le souhait de L'Hospital serait exaucé. Charles IX, en effet, subit l'ascendant de Coligny, qu'il nommait son père, qu'il entourait de démonstrations d'amitié et de respect et qu'il consultait sur tout. Mais dominé par l'impression du moment, ce même Charles IX, le 23 août 1572, consentit au meurtre de Coligny et aussi de tous les huguenots, parce que sa mère lui avait représenté que le parti calviniste balançait en France la puissance royale.

Le 24 ou le 25 août, tandis qu'à Paris le sang coulait à flots; que le roi, ivre de fureur, *giboyait* aux passants; que le Louvre n'était pas un asile sûr pour les princes de la maison de Bourbon, et que des enfants à la mamelle, arrachés à leurs mères, étaient précipités dans les eaux de la Seine, L'Hospital fut exposé à d'odieux outrages. « Qu'il serait long, racontait-il ensuite, de rappeler toutes les vexations

8

dont une horrible populace m'a poursuivi, soit en pillant mes fermes, soit en emprisonnant mes métayers ! » En face du péril, il ne faiblit point. Il était, au rapport du Castelnau, des proscrits de la Saint-Barthélemy. Quand on lui demanda si l'on ne fermerait pas les portes à ceux qui poussaient de violentes clameurs contre lui : « Si la petite porte n'est battante pour les faire entrer, dit-il, qu'on ouvre la grande. » Nul préparatif de défense ne dût être fait, car « ce serait ce qu'il plairait à Dieu quand son heure serait venue. » Il fut préservé par des cavaliers que Catherine de Médicis avait envoyés pour le protéger. « J'ignorais, répondit-il à ceux qui lui annonçaient cette nouvelle, que j'eusse jamais mérité ni la mort ni le pardon ! »

A l'heure même où il était si tranquille sur son propre sort, il tremblait pour celui de sa fille. Lors de la *tuerie*, Madeleine était à Paris.

Désignée au poignard des assassins, elle fut
protégée par la duchesse douairière de Guise,
Anne d'Este. Dans sa reconnaissance, L'Hospital adressa à Anne une épître où les effusions
de la tendresse paternelle se mêlent, d'une manière touchante, aux paroles de gratitude :

« Cette unique enfant qui me restait de trois
enfants que j'ai eus, vit encore, elle vit grâce à
toi, Anne d'Este, car tu l'as soustraite au massacre dont Paris était l'épouvantable théâtre.
Sans toi elle était perdue... En la sauvant, tu
as rendu la vie à ses neuf enfants, à son père,
à sa mère, qui tous ne respirent que par elle et
pour elle. Elle nous a raconté avec quelle sollicitude tu l'as soignée pendant qu'elle était ma-
lade et alitée, avec quel zèle tu as écarté les
égorgeurs qui pouvaient se glisser dans ton palais et dont la fureur n'épargnait point les
mères de famille. Tu as attendu le premier moment de calme, afin que la populace effrénée

fût rassasiée de sang, que des troupes fussent échelonnées pour veiller à la sécurité des chemins ; ensuite, tu l'as fait monter dans une litière fermée qui lui a permis de traverser les rangs de tous ces forcenés, sans être reconnue. A son retour, nos inquiétudes se sont calmées. »

L'Hospital survécut peu à la Saint-Barthélemy, qui lui arrachait souvent cette exclamation : « Ah ! périsse à jamais ce jour, et que la postérité n'ajoute pas foi à un pareil crime ! » Il mourut au château de Belesbat, le 13 Mars 1573[1]. Six semaines auparavant, sur les ins-

[1] L'Hospital fut enterré dans l'église de Champmotteux, commune distante de Vignay de 3 kilomètres. Démonté en 1793 par les habitants du village, le monument que Mme de L'Hospital avait élevé à son mari, a été restauré en 1834 avec des fonds provenant d'une souscription publique. De forme rectangulaire, il est recouvert d'une large table de marbre noir, sur laquelle la statue du chancelier est couchée. Si l'église de

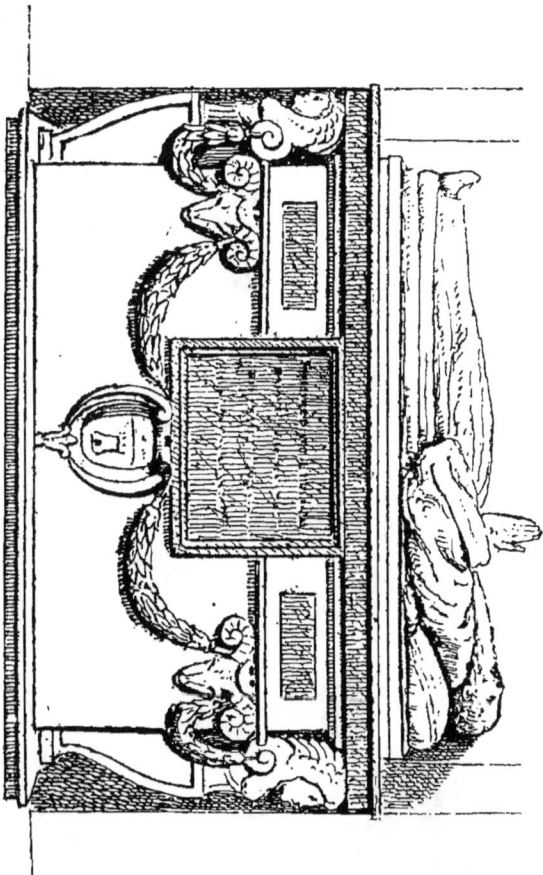

Tombeau de L'Hospital.

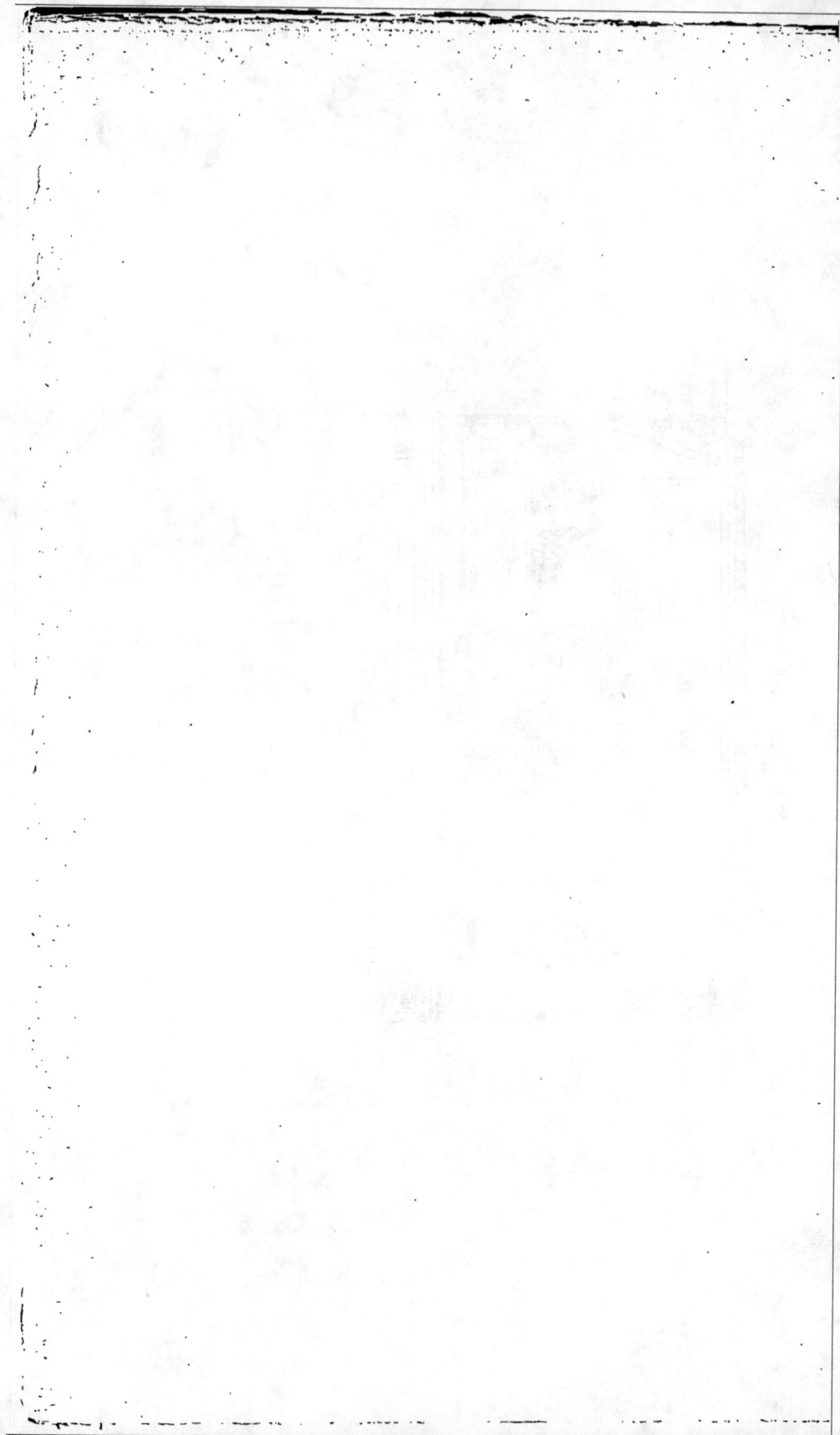

tances de Catherine, il s'était démis de sa charge de chancelier. « Croyez qu'en toutes vos affaires, écrivait-il alors au roi, j'ai plutôt oublié mon profit que votre service et suivi toujours le grand chemin royal, sans me détourner à droite ni à gauche, ni m'adonner à aucune espèce de faction. »

L'Hospital avait pris comme emblème un Atlas portant le monde sur ses épaules, avec ces deux vers d'Horace, sur le juste, pour devise :

> Si fractus illabatur orbis
> Impavidum ferient ruinæ[1].

On ne peut pas dire qu'il ait été, un seul

Champmotteux, qui tombe en ruines, n'est pas bientôt réparée, le tombeau de l'Hospital sera enseveli sous ses décombres.

[1] « La voûte du ciel s'écroulerait, que ses débris le frapperaient sans l'étonner. »

jour, infidèle à ce fier engagement de la vertu envers elle-même. Si au début de la troisième guerre, il abdiqua le pouvoir, « il céda à l'envie, suivant les expressions de M. de Thou, plutôt en vainqueur qu'en vaincu, » et dans l'asile qu'il avait lui-même choisi, « il leva la tête plus haut que jamais et se tint debout comme l'arbre avec le feuillage duquel les Grecs tressaient des couronnes aux triompha- teurs. »

Loué par ses contemporains à cause de sa vaste érudition, de sa prudence consommée et de son inébranlable courage, L'Hospital a été, depuis la Révolution de 1789, admiré sur- tout à cause de ses aspirations vers l'égalité ci- vile et la liberté religieuse. C'est pour cela que, en 1795, le Directoire proposait de lui décerner les honneurs du Panthéon, et que, en 1 25, le général Foy, du haut de la tribune de la cham- bre des Députés, le présentait comme le modèle des hommes d'Etat. C'est enfin pour cela que la postérité verra toujours en lui l'un des législateurs de la société moderne, c'est-à-dire d'une société organisée selon la raison et la justice.

FIN

TABLE DES MATIÈRES

FIN DE LA TABLE

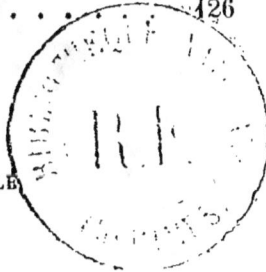

Imprimerie de Destenay, à Saint-Amand (Cher.)

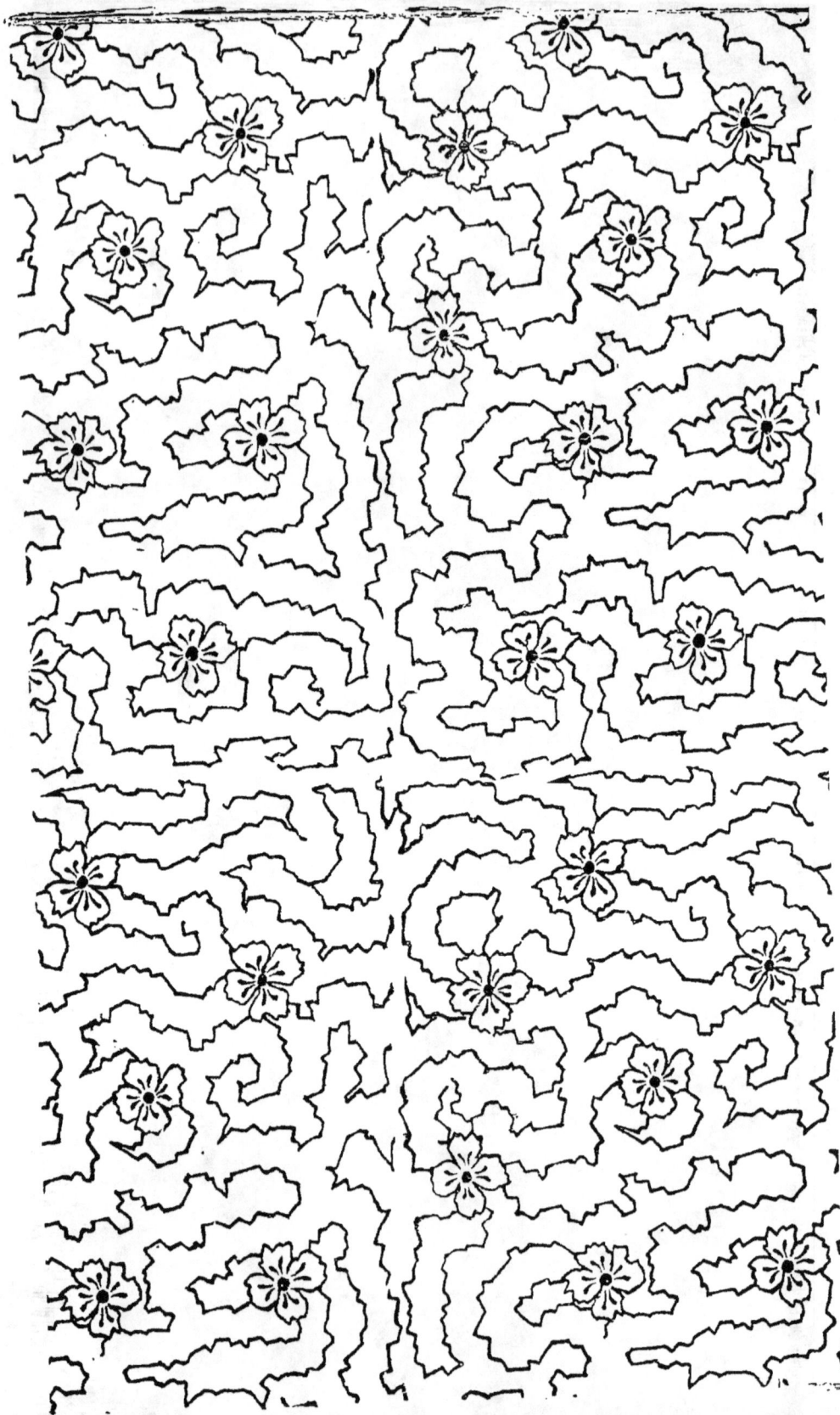